MANTENGA LOS CERDOS FUERA DE CASA

DON DICKERMAN

Para vivir la Palabra

MANTÉNGANSE ALERTA;
PERMANEZCAN FIRMES EN LA FE;
SEAN VALIENTES Y FUERTES.
—1 CORINTIOS 16:13 (NVI)

Mantenga los cerdos fuera de casa por Don Dickerman
Publicado por Casa Creación
Miami, Florida
www.casacreacion.com
©2010-2021 Derechos reservados

Library of Congress Control Number: 2010936093
ISBN: 978-1-61638-084-7
E-book ISBN: 978-1-61638-302-2

Desarrollo editorial: *Grupo Nivel Uno, Inc.*
Diseño interior: *Grupo Nivel Uno, Inc.*

Publicado originalmente en inglés bajo el título:
Keep the Pigs Out
por Charisma House
600 Rinehart Road, Lake Mary, Florida 32746
Copyright © 2010 Don Dickerman
Todos los derechos reservados.

Todos los derechos reservados. Se requiere permiso escrito de los editores para la reproducción de porciones del libro, excepto para citas breves en artículos de análisis crítico.

A menos que se indique lo contrario, los textos bíblicos han sido tomados de la Santa Biblia, Nueva Versión Internacional® nvi® ©1999 por Bíblica, Inc.© Usada con permiso.

Nota de la editorial: Aunque el autor hizo todo lo posible por proveer teléfonos y páginas de internet correctas al momento de la publicación de este libro, ni la editorial ni el autor se responsabilizan por errores o cambios que puedan surgir luego de haberse publicado.

Impreso en Colombia

21 22 23 24 25 LBS 9 8 7 6 5 4 3 2 1

*A mi esposa y mis dos hijos quienes
me han apoyado y compartido.*

CONTENIDO

Introducción 7

1 Visión dentro de un sueño 9

Sección 1:
Prevención elemental

2 ¿Quién soltó a los cerdos? 17

3 Las tropas demoníacas 29

4 ¿Dónde está el reino celestial? 37

5 Límites protectores para los liberados 45

Sección 2:
Reconocer y evitar las fortalezas

6 No deje que las fortalezas lo enreden 51

7 La fortaleza más común 59

8 Agresión espiritual 65

9 Las enfermedades mentales y los demonios 73

10 El más fuerte de todos los espíritus 77

11 Demonios que "merodean" 81

12 Sanidad demorada 85

13 Mantenga estas puertas cerradas 93

14 Algunos recuerdos del Hijo de Sam 101

15 Manténgase dentro de su autoridad 109

Sección 3:
Mantenga listas sus armas espirituales

16	La sala del tribunal de liberación	119
17	Vencer la opresión	125
18	Cuando las ranas críen pelo	131
19	Cerdos del pasado	143
20	Esté listo siempre	153
21	Camine por fe, no por vista	165
22	Usted es el templo de Dios	175
23	Palabra de conocimiento	183
24	Ponga alabanza en su rostro	191
25	Dios envía ángeles	197
26	No se acabó cuando se acaba	209
	Apéndice A: Lo que hacen los ángeles	215
	Apéndice B: Demonios o no	219

INTRODUCCIÓN

Durante muchos años de ministerio he predicado en más de ochocientas cincuenta instituciones diferentes. He asistido a dos ejecuciones, una en Mississippi y la otra en Florida. Karla Faye Tucker fue mi amiga. Vi cambios dramáticos en las vidas de David Berkowitz, Mark David Chapman y muchos otros prisioneros famosos. Ministré a Ted Bundy en el pabellón de los condenados a muerte en Florida. Mantuve correspondencia durante años con Kenneth Bianchi (el "estrangulador de la colina") y con Charles "Tex" Watson de la familia Manson. Estuve muy afianzado en el ministerio de las prisiones.

Pero comencé a comprender que Dios me estaba preparando para un nivel de ministerio diferente. No tenía idea de lo que era, pero sabía que había más y yo tenía sed de aquello. En 1995, luego de veintiún años evangelizando en las prisiones, el Espíritu Santo me habló a través de un oficial de una prisión federal. Sus palabras me cambiaron para siempre y también a nuestro ministerio.

Después de aquella experiencia comencé a ver a las personas no solo salvas sino también *sanadas y liberadas*. Ha sido emocionante. Supongo que he ministrado liberación ya sea a nivel personal o de forma colectiva a casi treinta mil personas, gente de verdad y todas ellas cristianas. He visto que hay muchos principios espirituales totalmente coherentes sobre la liberación. He aprendido mediante la experiencia que la liberación no es difícil. He visto muchos milagros. Escribí mi primer libro sobre la liberación, *Cuando los cerdos se mudan a casa*, para ayudar a las personas a ver que la liberación de la opresión y la posesión demoníacas es posible, y algo que Dios desea para todos sus hijos. El Espíritu me llevó a escribir esta segunda parte para ayudar a las personas a descubrir cómo *mantener la libertad* porque he visto que uno de los mayores problemas en esta esfera es la *ignorancia*.

Mantener la libertad es fácil. Implica no hacer cosas que abran las puertas a los poderes demoníacos. Es más cuestión de *no hacer* que de hacer. Este libro tiene que ver con conocer nuestras limitaciones. Trata de reconocer nuestras fronteras. Tiene la intención de ayudar a los creyentes a mantenerse libres y no abrir las puertas a los poderes demoníacos. Le resultará útil ya sea que está luchando por mantenerse libre espiritualmente de la opresión demoníaca o si anhela poder llevar a otros mediante los principios al regalo milagroso que Dios da en la liberación.

CAPÍTULO 1

VISIÓN DENTRO DE UN SUEÑO

EN UN SUEÑO que tuve una noche vi una enorme criatura con alas que revoloteaban en el cielo. Era más bien una visión dentro de un sueño que un sueño. El cielo estaba brillante y claro y no había nubes. El paisaje era algo tranquilo. La criatura semejante a un pájaro era de apariencia brillante. Tenía un brillo como de neón. La mejor manera en que puedo describirla es que se parecía mucho al grifo de la mitología, una criatura legendaria con el cuerpo de un león, la cabeza de un águila y las alas de un dragón. Era enorme, blanca con un contorno brillante verde y dorado. Era una criatura espléndida de gran belleza, con un aspecto un tanto majestuoso. Era tan imponente que casi parecía que expresaba adoración. Parecía que alguien estaba sentado sobre la criatura o que era parte de su ser. Tenía un arco en su mano.

Antes de continuar con esta visión dentro de un sueño, me parece que debo acotar lo que estoy diciendo con cierto conocimiento personal acerca de mí mismo. Soy un cristiano conservador. Soy un ministro graduado y ordenado por las iglesias de los bautistas del sur de los Estados Unidos. Diría que soy un tipo bastante normal. Sueño todas las noches, pero por lo general no con cosas espirituales. Sueños con sucesos de la vida, cosas normales: la secundaria, los deportes o no poder encontrar dónde estacioné el auto. Como la mayoría de los sueños, eso es lo que son, entretenimiento mientras dormimos. No trato de descubrir si un sueño tiene un significado especial. Soy un hombre común, ¿y qué califica a una persona para ser *intérprete de sueños* a fin de cuentas?

Yo procedo con una precaución esmerada y con análisis bíblico en estos aspectos. Supongo que he visto y escuchado demasiadas falsas profecías y palabras falsas. Diría que soy cauteloso en el sentido espiritual y "pruebo los espíritus" para ver si provienen de Dios (1 Juan 4:1). Deseo discernimiento del Espíritu Santo, y aborrezco el engaño. A menudo digo de forma reverente: "Dios, si vas a hablarme, dame algo claro. No me pidas que lo descifre ni que haga algún tipo de aplicación espiritual. Haz que sea claro para mí".

Este esclarecimiento en particular vino como una visión dentro un sueño. Fue como un destello en medio de otras cosas con las que estaba soñando. No puedo decirle con qué más soñé aquella noche, pero pudiera hacerle un dibujo de la visión, fue tan vívida. Es difícil decir cuán alto estaba esta criatura en los aires, tal vez a unos cincuenta pies. Estaba un poco baja con relación a donde estarían las nubes.

En la tierra, debajo de esta criatura *celestial* había un rebaño de ovejas. Las ovejas estaban amontonadas en la ladera de una colina. La ladera era de un hermoso color verde y las colinas ondulantes me recordaban un poco a Irlanda. Las ovejas estaban cerca de una valla y era como si yo estuviera viendo esto del otro lado de la valla. Parecían haber acres y acres de pastos ondulantes, casi como un campo de golf, pero eran pastos. Las ovejas estaban juntas al lado de la valla. No eran muchas, tal vez veinticinco o treinta.

Las ovejas tenían casa de hombres, espero poder describirlo de manera tal que usted pueda tener una idea. Entiendo que al hacerlo pudiera parecer que yo me creo Ezequiel o algún profeta de Dios. No soy ninguna de las dos cosas. Soy un hombre común y corriente. Sin embargo, en esta visión cada una de las ovejas tenía el rostro de un hombre. Cada rostro era diferente, era como si estuviera mirando a un pequeño grupo de personas. Todas las ovejas parecían muy tristes, algunos de los rostros sangraban, otros tenían lágrimas en sus ojos. Simplemente estaban allí paradas.

La criatura del cielo les apuntó con su arco y les disparó algo que parecía anzuelo o ganchos que se encajaron en su carne. Las ovejas parecían no saber dónde provenía el ataque y no ofrecían resistencia. Solo se miraban entre sí. Todas parecían magulladas de maneras diferentes. Pero se quedaban ahí y lo soportaban. Cada una tenía el aspecto de haber sido golpeada y magullada. Al parecer no tenían líder. No había un pastor en la visión. Eran vulnerables e ignoraban el ataque.

La visión fue breve, pero indeleble.

El sueño cobra vida

La noche siguiente yo era el predicador invitado en una iglesia de la zona rural de Fort Worth. En realidad me había olvidado del sueño hasta que doblé por un camino campestre para llegar a la iglesia. Vi un pequeño rebaño de ovejas amontonadas cerca de la valla que estaba junto al camino. De inmediato el sueño cobró vida. Los ojos se me llenaron de lágrimas mientras recordaba el sueño.

Cuando pienso hoy en ese sueño, pienso en lo difícil que es para nuestra sociedad moderna identificarse con relatos bíblicos de ovejas y pastores. No sé si alguna vez he tocado una oveja y sé que nunca he conocido a un pastor de verdad. Sin embargo, está claro que la Palabra de Dios compara a los creyentes y a los verdaderos seguidores con ovejas, ovejas de su prado.

> Volvió, pues, Jesús a decirles: De cierto, de cierto os digo: Yo soy la puerta de las ovejas. Todos los que antes de mí vinieron, ladrones son y salteadores; pero no los oyeron las ovejas. Yo soy la puerta; el que por mí entrare, será salvo; y entrará, y saldrá, y hallará pastos... Yo soy el buen pastor; y conozco mis ovejas, y las mías me conocen, así como el Padre me conoce, y yo conozco al Padre; y pongo mi vida por las ovejas.
> —Juan 10:7-9, 14-15

Las palabras de Jesús en Juan 10 dicen que los creyentes son las ovejas de su prado y que él es el buen pastor. El hombre solo puede llegar a Dios a través de una puerta y esa puerta es Jesús. De hecho la manera adecuada de entrar a cualquier lugar es a través de una puerta. La Palabra de Dios de manera inequívoca compara a los creyentes con ovejas. El Salmo 95:7 dice que somos "el pueblo de su prado, y ovejas de su mano". El Salmo 100:3 dice: "Pueblo suyo somos, y ovejas de su prado".

En mi sueño todas las ovejas estaban magulladas y la herida era visible en sus expresiones dolorosas. Esa es una imagen tan clara de la Iglesia en la actualidad. Prácticamente todas las ovejas de la Iglesia de hoy tienen heridas. La mayoría no sabe cómo defenderse y realmente no están seguros de cómo se produjeron esas heridas. Tener un pastor que no dirige es como no tenerlo en lo absoluto. Las ovejas saben seguir, pero no saben cómo pelear. Jesús no nos dejó indefensos. Nos dejó con su Espíritu y su Palabra. Le corresponde al pastor prepararnos para resistir.

Quiero exponer algunas de las "artimañas" de los demonios y cómo entran a nuestras vidas. No podemos actuar de manera responsable en base a cosas que no conocemos. No tener conocimiento nos hace extremadamente vulnerables. La ignorancia les da gran ventaja a los demonios. En su mayoría, los cristianos no saben porque los demonios han hecho un buen trabajo en cuanto a mantener la información fuera de los púlpitos y de las clases. Siempre me asombra cómo los cristianos se retiran cuando se pronuncia la palabra "L". ¿Por qué es tan difícil tratar el tema de la liberación?

¿Por qué las personas se ofenden e intimidan tan fácilmente ante el tema de los demonios? ¿Por qué no se puede hablar del tema? ¿Por qué es tan inabordable? Creo que se debe a la ignorancia o debido a la falta de enseñanza o a las falsas enseñanzas. Aquellos líderes cristianos que sí hablan al respecto ha menudo lo han convertido en algo que no es y eso provoca un gran daño.

Me resulta difícil entender cómo un predicador puede abrir su Biblia y predicar cincuenta y dos domingos en un año y nunca mencionar el mensaje de liberación y sanidad de los evangelios. No veo cómo puede ser posible. No veo cómo un seminario puede enseñar a sus alumnos durante tres años y nunca prepararlos para lidiar con la enfermedad y para combatir contra los espíritus demoníacos. Honestamente no lo entiendo. ¿Cómo puede usted sentarse en la Escuela Dominical y en clases bíblicas gran parte de su vida y que no se le enseñe la realidad de la actividad demoníaca en la vida de los creyentes? ¿Estaría usted de acuerdo con que los demonios han hecho un buen trabajo para mantener a los cristianos en las tinieblas? ¿Cómo es posible? ¿Se trata de ignorancia voluntaria?

Segunda de Pedro 3:5 habla de personas engañadas que "ignoran voluntariamente". Ignorancia voluntaria, yo creo que de eso se trata. Es una decisión consciente de no predicar ni enseñar la verdad bíblica relacionada con la obra de los demonios. ¿Qué otra cosa podría ser? ¿Qué otro motivo habría? ¿No es igual que ser tonto a propósito? No lo digo de una manera cruel; hemos sido y somos embaucados por un mensaje que carece de verdad y poder.

En el camino de la libertad espiritual hay cosas que necesitamos hacer para permanecer libres. Igualmente importante, quizás todavía más importante, son las cosas que no debemos hacer.

SECCIÓN 1

PREVENCIÓN ELEMENTAL

CAPÍTULO 2

¿QUIÉN SOLTÓ A LOS CERDOS?

Hace poco recibí un correo electrónico de un criador de cerdos en Australia. Sabía que se estaba refiriendo a mi libro *Cuando los cerdos se mudan a casa*, pero dijo: "Acabo de leer su libro *¿Quién soltó a los cerdos?*". Prosiguió expresándome sus elogios y contándome cómo el libro le había ayudado en el ministerio en aquel lugar. He estado pensando en su correo electrónico. ¿Quién soltó a los cerdos?

Es obvio que la referencia a los cerdos en este libro es para hablar de los espíritus inmundos. Si usted, como creyente, es la casa, ¿cómo mantiene los cerdos fuera de la misma?

Los cerdos entran y salen a través de puertas. Una vez que se les bota, surge la pregunta: "¿Cómo los mantenemos fuera?". La respuesta sencilla es: *mantenga la puerta cerrada*.

Las puertas son para abrirlas y cerrarlas. Son para mantener cosas adentro y afuera. Las puertas y los porteros son palabras bastante comunes en la Biblia. La función de la puerta no ha cambiado desde los tiempos bíblicos. Sigue siendo lo que siempre ha sido.

> Puso también porteros a las puertas de la casa de Jehová, para que por ninguna vía entrase ningún inmundo.
> —2 Crónicas 23:19

Las puertas, dicho de manera sencilla, son entradas. Es común entrar a un edificio y ver letreros en las puertas o cerca de estas que pueden decir: "Entrada" o "Salida." Más a menudo los carteles señalan lo que es obvio. En esencia dicen: "Aquí está la entrada y aquí está la salida". ¿Sabía usted que los demonios necesitan tener una entrada?

El acceso espiritual a nuestra vida es solo a través de una puerta que nosotros controlamos. Nadie más puede abrir dichas puertas, solo el dueño.

Cuando Jesús entra a nuestras vidas, no solo lo hace a través de una puerta sino también por *invitación nuestra*. Él nunca viene si no es invitado y nunca entrará por la fuerza.

> He aquí, yo estoy a la puerta y llamo; si alguno oye mi voz y abre la puerta, entraré a él, y cenaré con él, y él conmigo.
> —Apocalipsis 3:20

La decisión es nuestra. Así mismo sucede con las puertas abiertas para los espíritus demoníacos. No pueden entrar nunca en contra de nuestra voluntad. Una vez que la persona ha recibido a Jesucristo, esa persona recibe salvación eterna. Sin embargo, mediante el mismo proceso de abrir puertas, uno puede escoger tener espíritus demoníacos. Es extraño que alguien haga esa elección a conciencia, sin embargo, todo es cuestión de dar permiso legal, tal y como hacemos cuando permitimos que los pecados no perdonados permanezcan en nuestras vidas. Se lo aseguro, los cerdos perseguirán el olor de la basura y festejarán con ella.

A lo largo de este libro usted leerá que los demonios se fortalecen cuando creemos una mentira. La mentira, por supuesto, por lo general viene envuelta en un paquete atractivo lleno de medias verdades. Mi amigo Sid Roth, cuyo ministerio ahora se extiende al mundo entero, habla de haber estado enredado en una mentira de la Nueva Era que le ofrecía un poder sobrenatural, pero que estaba llena de oscuridad y desconexión. Después de la salvación de Sid Roth, él tuvo que buscar un ministerio de liberación para echar fuera los espíritus malignos que habían llegado mediante su encuentro con la Nueva Era.

> Cuando entres en la tierra que te da el Señor tu Dios, no imites las costumbres abominables de esas naciones. Nadie entre los tuyos deberá sacrificar a su hijo o hija en el fuego; ni practicar adivinación, brujería o hechicería; ni hacer conjuros,

servir de médium espiritista o consultar a los muertos. Cualquiera que practique estas costumbres se hará abominable al Señor, y por causa de ellas el Señor tu Dios expulsará de tu presencia a esas naciones. A los ojos del Señor tu Dios serás irreprensible.

—Deuteronomio 18:9–13 (nvi)

A menudo la mentira que los demonios usan para obtener el acceso es simplemente convencerle de que una persona o enseñanza en particular presenta un camino mejor que lo que está escrito en la Palabra de Dios. Podría implicar aceptar el modo de pensar de la Nueva Era o alguna religión oriental mística, lo cual, independientemente de cuán sincero usted sea, es una puerta para los demonios.

Cualquier enseñanza que niegue la deidad de Dios el Padre, Dios el Hijo y Dios el Espíritu Santo es, cuando se le acepta, una puerta para los poderes demoníacos. Es una puerta que deja entrar a los cerdos. Las órdenes y fraternidades secretas que guían a las personas a Dios, pero lo hacen dejando a un lado la muerte, sepultura y resurrección de Jesucristo, son puertas certísimas para los poderes demoníacos. Estas organizaciones fraternales o especie de hermandades por lo general hacen alarde de las buenas obras que realizan en las comunidades, pero no proclaman a Jesucristo como Señor. A menudo tienen gente buena entre sus miembros y sus organizaciones hacen buenas obras, pero el asunto importante es que existe un solo camino hacia Dios y es mediante Jesucristo.

Las falsas religiones o las falsas enseñanzas en la iglesia siempre son entradas potenciales para los demonios. Adoptar cualquier enseñanza que ofrezca un camino a Dios independientemente de Jesucristo es una mentira de los demonios. Es importante saber que los demonios son mentirosos; ellos matan, roban y destruyen. Su objetivo es hacer guerra contra los santos. Son sutiles y astutos. Manipulan mucho mediante falsos dones.

Luego de muchos años en el ministerio de liberación, y multitudes de experiencias personales, puedo decirle que no es difícil andar en libertad. Es sencillo e implica rendir su vida a la verdad. Recuerde, en su oración a su Padre por los santos, Jesús dijo: "Santifícalos en tu verdad; tu palabra es verdad" (Juan 17:17). Jesús también les dijo a sus discípulos: "Y conoceréis la verdad, y la verdad os hará libres" (Juan 8:32). Prácticamente cada puerta para los demonios gira sobre una mentira. Pueden ser mentiras un poco disimuladas y a menudo lo son.

Simón Pedro y Satanás

Hay varios relatos bíblicos sobre cómo sucede esto. Parece ser que el plan de los demonios siempre es causar estragos. Jesús le advirtió a Pedro directamente:

> Dijo también el Señor: Simón, Simón, he aquí Satanás os ha pedido para zarandearos como a trigo; pero yo he rogado por ti, que tu fe no falte; y tú, una vez vuelto, confirma a tus hermanos.
> —Lucas 22:31–32

Me pregunto, ¿cuántas veces esto se cumple en nuestras vidas? ¿Cuán a menudo Satanás y sus demonios están buscando una manera de *zarandear* nuestras vidas, de sacudirnos de un lado para otro? Lo que sí sé es que sin consentimiento legal no pueden hacer sus actos viles.

También me preguntó cómo supo Jesús que Satanás deseaba zarandear a Pedro como si fuera una rama de trigo. Aparte de ser omnipotente, ¿cómo lo supo Jesús? ¿Vino Satanás delante del Padre y preguntó por Pedro, como lo hizo con Job? ¿Hizo una petición oficial? ¿Habló en privado con Jesús sobre Pedro? Está claro que Satanás ya había intentado usar a Pedro para ponerle trabas al plan de Dios. Vea la discusión que los involucra a los tres.

> Desde entonces comenzó Jesús a declarar a sus discípulos que le era necesario ir a Jerusalén y padecer mucho de los ancianos, de los principales sacerdotes y de los escribas; y ser muerto, y resucitar al tercer día. Entonces Pedro, tomándolo

aparte, comenzó a reconvenirle, diciendo: Señor, ten compasión de ti; en ninguna manera esto te acontezca. Pero él, volviéndose, dijo a Pedro: ¡Quítate de delante de mí, Satanás!; me eres tropiezo, porque no pones la mira en las cosas de Dios, sino en las de los hombres.

—Mateo 16:21-23

Jesús dijo: "Quítate de delante de mí, Satanás", mientras hablaba con Pedro. Son las mismas palabras que le dijo directamente a Satanás en la tentación del desierto. Satanás ya estaba muy asociado con la vida de Pedro y estaba influyendo en su manera de pensar cuando Jesús le dijo que lo que Satanás quería hacer con él era zarandearlo como a trigo. Satanás quería traer el caos a Pedro.

Judas y Satanás

Satanás tuvo un éxito con Judas que no logró con Pedro. De hecho "entró" en Judas.

> Y los principales sacerdotes y los escribas buscaban cómo matarle; porque temían al pueblo. Y entró Satanás en Judas, por sobrenombre Iscariote, el cual era uno del número de los doce; y éste fue y habló con los principales sacerdotes, y con los jefes de la guardia, de cómo se lo entregaría.
>
> —Lucas 22:2-4

El propio Satanás entró en Judas y lo poseyó. No parece haber sido muy difícil y se describe en solo una oración en la Palabra de Dios. ¿Qué puerta tuvo? Todos podríamos especular, pero es obvio que había una puerta mediante el pecado no confesado y que probablemente era ladrón. Jesús incluso dijo: "¿No os he escogido yo a vosotros los doce, y uno de vosotros es diablo?" (Juan 6:70).

Es interesante que Jesús no dijo que Judas *tenía* un diablo; dijo: "[él] *es* diablo". Tal vez Judas era un agente secreto de Satanás. Vea Juan 13:2:

> Y cuando cenaban, como el diablo ya había puesto en el corazón de Judas Iscariote, hijo de Simón, que le entregase...

Mire eso, estaba en la cena del Señor. No solo Judas...¡Satanás estaba ahí! Fue ahí cuando entró en Judas, en el más solemne de todos los momentos. Después de haber orado juntos y dado gracias, Satanás entró en Judas. Los demonios son espíritus. No creo que nadie haya visto cuando esto sucedió. No fue visible; ni siquiera apreciable. Los demás discípulos ni estaban seguros de que sería uno de ellos quien traicionaría a Jesús. Aparte de la seriedad del momento, y de las palabras de Jesús, ¿cree usted que había una presencia maligna? ¿Alguien la percibió? A menudo he pensado en esto, ¿tenía Judas una maldición generacional tan grande que los demonios podían entrar y salir por esa puerta? ¿Había *hecho un pacto* con el diablo? Sin dudas era capaz de hacerlo porque lo hizo con las autoridades para traicionar a Jesús.

Por tanto que me parezca yo sé que en su frustración y necedad algunas personas tratan de hacer negocios con Satanás. A menudo buscan el poder y los favores a través de medios demoníacos. No creo que Judas estuviera haciendo nada de eso, pero sí creo que Satanás tenía algo en él, quizá por su orgullo Judas no podía confesarlo.

Judas fue un diablo desde el principio. Eso es lo que dice la Palabra de Dios. Satanás entró en Judas. Eso es lo que dice la Palabra de Dios.

Cerrar las puertas

Está claro que Satanás usa personas clave para interferir con el plan de Dios y crear un caos demoníaco en los asuntos de los hombres. En el pasaje que se mencionó anteriormente de Deuteronomio 18, Dios les menciona a los israelitas muchas cosas que no deben hacer, pero lo básico era ser irreprensible delante del Señor. La libertad se mantiene al ser irreprensible, lo que significa mantener los pecados confesados y no dar entrada a los demonios. Ser "irreprensible" es tener un carácter sin reproches lo cual solo se puede lograr cuando una persona se mantiene cubierta y vestida con la justicia de Cristo.

Pablo nos aclara más al respecto en Efesios 4.

Vestíos del nuevo hombre, creado según Dios en la justicia y santidad de la verdad. Por lo cual, desechando la mentira, hablad verdad cada uno con su prójimo; porque somos miembros los unos de los otros. Airaos, pero no pequéis; no se ponga el sol sobre vuestro enojo, ni deis lugar al diablo. El que hurtaba, no hurte más, sino trabaje, haciendo con sus manos lo que es bueno, para que tenga qué compartir con el que padece necesidad. Ninguna palabra corrompida salga de vuestra boca, sino la que sea buena para la necesaria edificación, a fin de dar gracia a los oyentes. Y no contristéis al Espíritu Santo de Dios, con el cual fuisteis sellados para el día de la redención. Quítense de vosotros toda amargura, enojo, ira, gritería y maledicencia, y toda malicia. Antes sed benignos unos con otros, misericordiosos, perdonándoos unos a otros, como Dios también os perdonó a vosotros en Cristo.
—Efesios 4:24–32

Está claro que él dice que la ira que permanece da lugar a los demonios. Mire la lista de cosas carnales que se mencionan: mentir, robar, comunicación corrupta, afligir al Espíritu Santo, amargura, ira, malicia, maledicencia y griterías. Estas cosas, sin perdonar, ¡son puertas para los demonios!

Cuando estas puertas o entradas se han cerrado, una manera de mantenerlas cerradas es ser compasivo y perdonador. Estas cosas están claramente escritas por el Espíritu Santo. Estas cosas se comprenden fácilmente.

Cuando un creyente ha sido liberado de la intrusión demoníaca, una de las entradas gigantes para que los demonios vuelvan a conseguir un nuevo punto de entrada es volviendo a visitar el pasado. Es como hurgar en una herida que está casi sana. Es volver a irritar una herida muy molesta para que no pueda sanarse. Se trata de otro "no lo haga". Aprenda a vivir en el momento. A veces se necesita un esfuerzo consciente para hacerlo. El apóstol Pablo parecía casi regodearse en su victoria sobre el pasado. Él dijo (parafraseado): "Todavía me queda mucho por hacer. No he llegado adonde necesito estar en Cristo, pero una cosa he logrado: mi pasado ya no es un obstáculo. Voy hacia delante".

> Hermanos, yo mismo no pretendo haberlo ya alcanzado; pero una cosa hago: olvidando ciertamente lo que queda atrás, y extendiéndome a lo que está delante, prosigo a la meta, al premio del supremo llamamiento de Dios en Cristo Jesús.
> —Filipenses 3:13-14

Cuando usted revive un fracaso pasado o una época desagradable de su vida, está permitiendo a los demonios otra oportunidad para usar el incidente una vez más en su contra. No lo haga. Tiene que controlar esa parte de su pensamiento o los demonios lo harán. Usted puede escoger no pensar en el pasado y cuando lo hace, está apoderándose de cualquier oportunidad que los demonios hubieran podido tener de atormentarle. ¡Tiene que llevar cautivos esos pensamientos! Aplique por fe la sangre de Jesús a la parte de su mente que parece estar en un modo de repetición. Pronuncie en voz alta su decisión de morar en pensamientos agradables y esperanzadores.

Esto es algo que solo usted puede cambiar, *pero puede hacerlo*. No se involucre en conversaciones con otras personas que hagan hincapié en el pasado. Es un ejercicio completamente infructuoso hablar de un pasado doloroso, completamente infructuoso. Aprenda a reconocer cuando sus pensamientos se inclinan a contemplar los remordimientos del pasado. No participe en conversaciones del tipo *y si* ni *si al menos*. Cambie el tema, concéntrese en cosas que sean verdaderas, honestas y de buena reputación. Recuerde que la *preocupación* y el *remordimiento* son malas compañías, no les deje entrar. Recuerde también que la autocompasión y la necesidad de atención debido a su pasado no le benefician en nada. No lo haga.

La desobediencia abre puertas

En mi experiencia con el ministerio de liberación y de mantener la libertad he descubierto que se trata mucho más de qué no hacer. No abra puertas. Esa es la manera de mantener los demonios afuera. No es la obediencia al Señor lo que los mantiene fuera, es la desobediencia lo que les permite entrar.

Cuando Cristo liberaba a las personas de la posesión demoníaca en la Biblia, su expulsión de los espíritus inmundos era definitiva. Él prohibía que volvieran a entrar. En Marcos 9:25 lo encontramos ordenando al espíritu maligno que salga y que no entre más.

> Y cuando Jesús vio que la multitud se agolpaba, reprendió al espíritu inmundo, diciéndole: Espíritu mudo y sordo, yo te mando, sal de él, y no entres más en él.

Expulsar en el nombre de Jesús es definitivo. En otra ilustración Cristo se encontró con un hombre que estaba poseído por una legión entera de demonios. (Véase Marcos 5.) Cuando Jesús ordenó a los demonios que salieran del hombre, ellos le suplicaron que los dejara seguir en circulación (v. 10). Pero Jesús ordenó a los demonios que salieran del hombre y les permitió que entraran en un hato de cerdos que estaba cerca. La Biblia dice: "Y luego Jesús les dio permiso. Y saliendo aquellos espíritus inmundos, entraron en los cerdos, los cuales eran como dos mil; y el hato se precipitó en el mar por un despeñadero, y en el mar se ahogaron" (v. 13). ¡En este hombre no volverían a entrar!

Para el creyente de hoy que ha sido liberado, la manera de permanecer libre, de mantener la libertad, es manteniendo una creación de confesión con Dios a través de Jesús. Practicar la desobediencia es una entrada segura para los demonios. No lo haga.

En Mateo 12 tenemos la historia de un espíritu inmundo que sale de un hombre y luego regresa con siete demonios más. El pasaje dice:

> Cuando el espíritu inmundo sale del hombre, anda por lugares secos, buscando reposo, y no lo halla. Entonces dice: Volveré a mi casa de donde salí; y cuando llega, la halla desocupada, barrida y adornada. Entonces va, y toma consigo otros siete espíritus peores que él, y entrados, moran allí; y el

postrer estado de aquel hombre viene a ser peor que el primero. Así también acontecerá a esta mala generación.
—Mateo 12:43–45

Yo creo que a los demonios les encanta trastocar estos versículos. A ellos les encanta esta enseñanza. Infunde miedo a los posibles candidatos para la liberación e impide que algunos pastores siquiera hablen de los demonios. Ha sido el tema de muchas enseñanzas erróneas sobre la expulsión de demonios. En muchas ocasiones he escuchado a predicadores bien intencionados, pero mal informados hablar de llenar la casa para impedir que los demonios "expulsados" regresen en mayor cantidad.

Debemos recordar los ejemplos de Jesús en Marcos 9:25. Su instrucción para los demonios fue: "Yo te mando, sal de él, *y no entres más en él*" (cursivas del autor). Los demonios que son expulsados no tienen la opción de regresar. Hay muchos otros demonios que pueden ocupar su lugar, pero cuando son expulsados al abismo, ya no tienen acceso a esa vida.

Debemos analizar más detenidamente el pasaje de Mateo 12 para comprender lo que está sucediendo en ese ejemplo. Lea nuevamente esos versículos. La ilustración que Jesús está usando no utiliza la frase "expulsado" sino "que sale". Mateo 12:43 dice: "Cuando el espíritu inmundo sale del hombre...". Se implica que el demonio sale por cuenta propia, no por una orden en el nombre de Jesucristo. El demonio *sale* por una puerta, busca un lugar mejor para habitar, se comunica con otros demonios y *regresa* a *su* casa: "Volveré a mi casa de donde salí" (v. 44). Sigue siendo su casa. Regresará por la misma puerta por donde salió. La puerta sigue abierta. Y no solo eso, sino que además invita a los amigos demonios que encontró en lugares secos a que vengan con él.

Él regresó para ver si la puerta todavía estaba abierta en *su* casa, y no tenía nada que ver con que la casa estuviera llena del Espíritu Santo. La casa estaba en buen estado, limpia y decorada. Uno puede estar tan lleno del Espíritu Santo que rebose, pero puede existir una puerta abierta debido a un pecado no confesado. El pecado no confesado, la desobediencia, es lo que da permiso a los demonios para que vuelvan a entrar en la casa. Mientras haya desobediencia en la casa, esa casa sigue siendo *su* casa. Él todavía tiene una puerta abierta.

Los demonios deben ser "expulsados". No sé por qué el demonio se fue en el caso de esta ilustración bíblica, pero no fue expulsado y las puertas no fueron cerradas. Los derechos que el demonio tenía a la vida no le habían sido quitados y mientras los derechos legales permanecieran, él podría entrar y salir según quisiera.

Durante meses luego de leer por primera vez este pasaje bíblico, yo exploré para encontrar una respuesta a esta pregunta: Si los demonios pueden regresar con más fuerza, ¿qué sentido tiene expulsarlos entonces? No pude encontrar ningún indicio en la Escritura de que Dios funcione de esta manera. Eso sería, en mi opinión, un insulto al carácter de Dios, pensar que él honre el esfuerzo de una persona por ser libre de los poderes demoníacos en el nombre de Jesús y luego permitir que los demonios regresen y atormenten a la persona a un nivel aún mayor. Desde 1995 cuando comencé a realizar este ministerio de liberación, nunca he visto que esto suceda.

Debo añadir que si se abren más puertas, más demonios entrarán, pero una vez que las puertas se han cerrado y los demonios se han expulsado, *esos* demonios no pueden regresar. Así que no es leer su Biblia lo suficiente ni orar lo suficiente lo que mantiene los cerdos fuera de casa, es la desobediencia lo que les permite entrar.

No abra las puertas

Lo fundamental es ¡no abra las puertas! A través de la Palabra de Dios encontramos este principio: No lo haga, no haga cosas que abran puertas. No permita que el pecado permanezca mucho tiempo. Si usted piensa que vivir una vida santa le mantendrá libre de demonios, eso es una verdad a medias. Vivir una vida santa le ayuda a no abrir las puertas. Le ayuda a reconocer el pecado y confesarlo para poder recibir perdón. Sin embargo, la persona más justa que usted conozca está sujeta a abrir puertas a los demonios.

He leído algunos libros sobre este tema y he escuchado muchos comentarios de parte de creyentes con relación a permanecer libres. Aunque en sentido general toda la información constituye buena enseñanza para fomentar el carácter cristiano y establecer un buen fundamento, leer cierta cantidad de capítulos al día no hace nada para deshacerse de los demonios. Sin dudas les hace sentir incómodos, pero los demonios no se van porque usted lea la Biblia. Ir a la iglesia cada vez que sus puertas abran es algo bueno, pero no es lo que mantiene a los demonios fuera de casa.

Está claro, es sencillo, hay que quitarles sus derechos legales. Usted puede leer su Biblia el día entero, pero si arrastra un pecado no confesado, entonces el permiso legal ha sido otorgado. Eso no debiera perturbarle, debiera animarle. La gracia de Dios siempre será suficiente. Él siempre perdonará. Le agrada cuando confesamos un pecado y recibimos su purificación. Los demonios buscan una abertura, un pecado no confesado es una abertura. Jesús busca cubrir nuestro pecado. Los demonios buscan lo que no está cubierto.

Lo que nos mantiene libres es permanecer perdonados. No es vivir sin pecado porque eso no es posible. Más bien se trata de reconocer el pecado y admitirlo ante Dios.

Lo bueno de esto es que cualquiera puede hacerlo. No es cuestión de tener que dar la talla siempre, sino más bien de reconocer cuando no la damos. Reconocer quién es Jesús. Permanecer libre no depende de que usted lleve una vida perfecta sino de saber que tiene un Salvador perfecto.

CAPÍTULO 3

LAS TROPAS DEMONÍACAS

Durante los años que llevo ministrando en la esfera de la liberación y la sanidad, he notado que las preguntas que me hacen con más frecuencia están relacionadas no solo con la realidad de los demonios sino también con lo que son. "Si son reales, ¿qué son y qué hacen?", "¿Puede un cristiano tener demonios?", "¿No nos protege el Espíritu Santo?"

Me hacen preguntas similares constantemente. El Espíritu Santo nos dirige y nos guía a la verdad. Él no nos obliga a recibir la verdad ni a obedecerla, ni tampoco impide las consecuencias de la desobediencia. Nosotros, como creyentes, podemos "apagar" al Espíritu y también podemos "contristar" al Espíritu (1 Tesalonicenses 5:19; Efesios 4:30). Los creyentes pueden abrir puertas a los demonios y de hecho lo hacen.

Recuerde que la Biblia no tiene la intención de explicar la existencia de Dios, ni trata de demostrarla. Tampoco explica ni intenta probar la existencia de los demonios. Ni Jesús ni aquellos a quienes ministró cuestionaron la realidad de los demonios. Era una realidad que se comprendía y se reconocía. Jesús habló a los demonios. Él les ordenó su obediencia. Ellos lo reconocían y él los reconocía a ellos. Los demás comprendían la obra de los demonios y no se intentaba explicar su existencia, y sin dudas tampoco buscar una *explicación convincente*.

En algún momento en el principio, tal vez en el consejo predeterminado de Dios, los ángeles fueron creados. La Biblia declara que todos ellos son espíritus ministradores enviados a ministrar a los herederos de la salvación, esos seríamos usted y yo (Hebreos 1:14). Las miríadas de ángeles creados, una "compañía de muchos millares"

(Hebreos 12:22), adoran y sirven a Dios. Es obvio que existen rangos angelicales, sin dudas hay una jerarquía. Los ángeles recibieron nombres y tenían diversas funciones y tareas. Algunos tienen seis alas y se les llama *serafines*; algunos tienen cuatro alas y se les llama *querubines*; otros tiene dos alas con diversas tareas. Sin dudas, existen rangos de ángeles que no conocemos.

Los hombres tenían nombres y sus nombres tenían un significado. Todavía tienen nombres. Sin lugar a dudas Miguel es el ángel con el rango y poder superiores. Gabriel es un ángel de alto rango, y Lucifer era el "querubín grande, protector" de belleza radiante (Ezequiel 28:14). Parece que Miguel está a cargo de los ángeles guerreros, Gabriel tal vez de los ángeles mensajeros y Lucifer debe haber estado a cargo de la alabanza. Estaba adornado con un sistema musical elaborado que fue creado con el propósito de alabar a Dios. Al parecer deseaba la alabanza para sí mismo.

Tan espléndido era Lucifer, aquel ser creado, que en algún momento de la historia se rebeló y se opuso a Dios. Esto es importante para comprender *qué son los espíritus demoníacos*. Lucifer quería ser adorado; quería ser como Dios, así que se puso en contra de Dios. Reunió a un tercio de los ángeles y hubo guerra en el cielo. Lucifer, Satanás, la serpiente, el dragón, fue echado a la tierra junto con todos los ángeles que se unieron en la oposición. Fue echado fuera del cielo. Resulta interesante que "echar fuera" es el término que utiliza Jesús cuando dio autoridad a los creyentes. Él dijo "echad fuera demonios" (Mateo 10:8).

Ángeles caídos que se oponen a Dios

Utilicé la palabra *opuesto* varias veces en las oraciones anteriores: Satanás se *opuso* a Dios. Para *oponerse* a otro usted debe mostrar oposición a esa persona, no puede oponerse a algo sin ser lo contrario. Esa es la idea aquí. Para que Satanás luchara contra Dios, tenía que hacerlo con contrarios.

Los espíritus demoníacos son ángeles caídos que asumieron las características opuestas a las de Dios. El creado se convirtió en enemigo del Creador, de todo lo que Dios es. Dios es amor. Por lo tanto, un espíritu demoníaco no puede funcionar con amor sino que debe ser, por su propia naturaleza, todo lo contrario al amor. Satanás es lo opuesto al fruto del Espíritu y lo opuesto al carácter de Jehová Dios.

Satanás, quien quedó reducido al dios *de este mundo*, el mundo donde nosotros vivimos, todavía sigue en guerra contra Dios a través de la humanidad. Por eso vino Jesús, Porque de tal manera amó Dios a…*este mundo* (Juan 3:16). Los espíritus demoníacos son tan reales como los santos ángeles. Son espíritus y están activos en los asuntos de la humanidad. Ellos sin dudas pueden habitar en las vidas de los creyentes *y lo hacen*.

Mencioné algunos de los nombres de los ángeles: Gabriel y Miguel. Los nombres *Lucifer* y *Satanás* se usan de forma intercambiable para identificar al diablo. *Beelzebú* es el nombre de un poder demoníaco gobernador; los judíos y Jesús reconocían su obra. Baal, Moloc, Diana de los efesios, Jezabel, Atolón y Abadón son algunos de los nombres de los espíritus demoníacos que se reconocieron y adoraron a lo largo de las Escrituras. Hay muchos. Los ángeles tienen nombres y tareas, los demonios tienen nombres y tareas.

¿Se acuerda del hombre a quien Cristo libertó en Marcos 5, quien vivía entre tumbas y estaba poseído por demonios? Jesús ordenó al forzudo, al príncipe del reino demoníaco que estaba dentro del hombre que se identificara. El nombre del demonio era Legión. Él gobernaba un reino de espíritus demoníacos que destruyó un hato de dos mil cerdos. Los espíritus atormentadores hicieron que los cerdos perdieran el control y se suicidaran. Los demonios tienen nombres y tareas y son parte de una jerarquía sofisticada que se opone a toda la creación de Dios.

Usted no puede comprender por completo su potencial como creyente hasta que no comprenda la oposición. Esa es una verdad absoluta. Es porque eso que hablo de la misma. Tenemos oposición, existe un adversario. Hordas de espíritus malignos circulan donde hay pecados no confesados y desobediencia voluntaria a Dios. Son como buitres que apuntan directamente a lo que está muerto. Se basan legalmente en la desobediencia del hombre. Ahora mismo, mientras usted lee esto, hay ojos mirándole, tal vez usted sienta su intimidación mientras lee. ¿Alguna vez tiene la sensación de que le observan? Los ángeles observan, pero ellos le *vigilan* como su defensa y apoyo. Los demonios vigilan, pero están buscando oportunidades para ganar el acceso a su vida. Su trabajo es atormentar. Ellos son sus adversarios.

Si Dios es amor, y lo es, entonces los espíritus demoníacos funcionan en la esfera del odio, la envidia, el egoísmo, la lujuria, la amargura y otras emociones que producen muerte. Si el amor perdona, y lo hace, entonces los espíritus demoníacos funcionan en la esfera de la falta de perdón. Si Dios es verdad, y lo es, entonces los espíritus demoníacos mienten y en ellos no hay verdad.

¿En qué esfera de su vida cristiana usted tiene luchas? ¿Podría ser un espíritu demoníaco? ¿Sabe cómo derrotar a su adversario? Conozca a su adversario, reconozca la sencilla verdad de que los espíritus demoníacos son ángeles caídos y se oponen de manera activa al Cuerpo de Cristo y a los creyentes en el plano individual. Ignorar la verdad les da ventaja. Decir que es otra cosa no ganará la batalla.

Jerarquía demoníaca

Los demonios son ángeles caídos y funcionan dentro de una jerarquía muy estructurada y sofisticada. Es importante saber esto para que podamos conocer nuestra posición al tratar con ellos. Son un gobierno que batalla con Dios y en contra de sus santos, un sistema muy organizado con diversos rangos de administración solo para oponerse a todo lo que es santo. Su sistema y estructura, por supuesto, cumplen el mismo patrón que Dios estableció con los ángeles santos. Es un gobierno *copión*.

Analice Daniel 7:21-22. En la gran visión que tuvo Daniel, él afirma que Satanás hace guerra contra los santos. Dice que la guerra seguirá hasta que venga el Anciano de días. La Segunda Venida de Jesucristo es cuando los santos juzgarán al mundo. El dominio de Satanás terminará. Los santos se sentarán con él en su trono y disfrutarán del triunfo completo y de la caída completa del reino demoníaco. Lo que quiero enfatizar aquí es que mientras tanto hay guerra de los poderes demoníacos contra los santos:

Las tropas demoníacas

> Y veía yo que este cuerno hacía guerra contra los santos, y los vencía, hasta que vino el Anciano de días, y se dio el juicio a los santos del Altísimo; y llegó el tiempo, y los santos recibieron el reino.
>
> —Daniel 7:21-22

Apocalipsis 12:17 refuerza esta realidad. El dragón, Satanás, y sus legiones de poderes demoníacos están en guerra con el resto de la descendencia, aquellos que guardan los mandamientos de Dios y tienen el testimonio de Jesucristo: "Entonces el dragón se llenó de ira contra la mujer; y se fue a hacer guerra contra el resto de la descendencia de ella, los que guardan los mandamientos de Dios y tienen el testimonio de Jesucristo".

Los demonios están en guerra con los santos, los ángeles caídos ahora son parte del ejército de Satanás. Trabajan con la "la serpiente antigua, que se llama diablo y Satanás, el cual engaña al mundo entero" (Apocalipsis 12:9). Él fue arrojado a la tierra y sus ángeles junto con él. Él "fue a hacer guerra contra el resto de la descendencia de ella, los que guardan los mandamientos de Dios y tienen el testimonio de Jesucristo" (Apocalipsis 12:17). Están en guerra con los santos.

La batalla es del Señor

Los creyentes son el centro de atención de la batalla, pero la batalla no es nuestra, es del Señor. Nuestras oraciones a Dios a través de Jesucristo convocan a los ángeles para que ministren a nuestro favor. La guerra en el plano celestial es entre demonios y ángeles. Hay guerra entre los seres celestiales. Miguel, el arcángel no desafió a Satanás. Más bien dijo:

> Pero cuando el arcángel Miguel contendía con el diablo, disputando con él por el cuerpo de Moisés, no se atrevió a proferir juicio de maldición contra él, sino que dijo: El Señor te reprenda.
>
> —Judas 9

33

Demos un vistazo a algunas de las batallas que tienen lugar en el reino celestial. Lea Daniel 10. Daniel estuvo afligido durante tres semanas completas debido a que le "fue revelada palabra…" (v. 1). Daniel sabía que la visión que recibió era verdadera y él sabía el significado de la misma. Sabía que era para el futuro. Su encuentro celestial era prácticamente más de lo que podía soportar con su fuerza humana. Al parecer estaba caminando "a la orilla del gran río Hidekel. Y alcé mis ojos y miré, y he aquí un varón vestido de lino" apareció (vv. 4-5). Daniel estaba en la cautividad de Babilonia. Estaba en el Irak moderno, junto al río Tigris, en la zona cercana a donde estuvo originalmente el Edén. Aunque había otros hombres junto con él, fue él quien único vio la visión.

Es interesante que aunque los otros no vieron la visión, sin dudas sintieron una presencia santa. Temblaron y corrieron a esconderse. Daniel dice que el sonido de las palabras era como el estruendo de una multitud. Muchos creen que es muy probable que fuera el propio Jesús quien apareció y que el ángel Gabriel estaba con él. Está claro que Gabriel habló a Daniel.

Daniel estaba tan abrumado por lo que vio y lo que escuchó que se enfermó, no tenía fuerza. Se puso de rodillas y sobre las palmas de sus manos, con el rostro en el suelo. Él era de naturaleza terrenal y alcanzó a ver algo del reino celestial.

El ángel que habló a Daniel le aseguró que desde el primer día que oró sus oraciones fueron escuchadas. Le dijo: "a causa de tus palabras yo he venido" (v. 12). Luego siguieron unas palabras sorprendentes:

> Mas el príncipe del reino de Persia se me opuso durante veintiún días; pero he aquí Miguel, uno de los principales príncipes, vino para ayudarme, y quedé allí con los reyes de Persia.
> —DANIEL 10:13

Tremendo. El ángel dijo que hubiera llegado antes, pero que un príncipe demoníaco del reino de Persia lo demoró. Los planes y propósitos de Dios pueden ser demorados, pero nunca detenidos. Gabriel

Las tropas demoníacas

le dijo a Daniel: "Miguel, uno de los principales príncipes, vino para ayudarme".

Cuando Daniel escuchó esto, otra vez le pareció que era demasiado para poder soportarlo. Nuestra fuerza humana no es suficiente para la actividad celestial. Daniel se puso débil físicamente y otra vez quedó sobre sus manos y rodillas con el rostro en tierra. No podía hablar. Literalmente lo dejó sin aliento. Estaba en presencia de ángeles santos y había alcanzado a ver algo de la guerra que se libra en los cielos. Sentía el gran peso de la insuficiencia de su humanidad. Y lo mismo debiera sucedernos a nosotros.

Una vez más el mensajero de Dios tocó a Daniel y restauró su fuerza. Gabriel le dijo a Daniel: "¿Sabes por qué he venido a ti? Pues ahora tengo que volver para pelear contra el príncipe de Persia; y al terminar con él, el príncipe de Grecia vendrá. Pero yo te declararé lo que está escrito en el libro de la verdad; y ninguno me ayuda contra ellos, sino Miguel vuestro príncipe." (vv. 20–21).

Los reyes de Persia habían causado mucho daño a los judíos y la tiranía de los persas en contra de Dios le había dado gran autoridad al príncipe demoníaco de Persia. La gente les da autoridad a los demonios con sus acciones y fechorías.

El príncipe del reino de Persia trató de impedir que fueran contestadas las oraciones de Daniel, pero sus oraciones fueron escuchadas desde el primer día y el cielo respondía a su ayuno y su oración. Durante veintiún días el príncipe demoníaco resistió, pero lo único que se necesitaba era otro ángel. A veces los demonios pueden obstaculizar, pero nunca pueden impedir los propósitos de Dios. Nunca. Gabriel y Miguel. Me pregunto si Daniel tenía idea del privilegio que tuvo con esa experiencia. Piénselo. Cuando los poderes demoníacos de Persia resistieron, Dios envió a Miguel, uno de los príncipes superiores y la batalla estaba asegurada. Siguieron peleando hasta que se hizo claro que el imperio persa caería. Entonces Gabriel advierte a Daniel que el príncipe de Grecia vendría a luchar en contra de Israel.

Aunque existe una guerra intensa en los lugares celestiales entre ángeles y demonios, y aunque la batalla es por las almas y el testimonio

35

de los hombres, no debemos entrar en esa batalla excepto mediante la oración. Nunca se nos manda a desafiar a los principados y potestades de los lugares celestiales. Nuestra batalla con los demonios es en esta tierra, no en los lugares celestiales. Yo creo que la guerra en el plano celestial está fuera de nuestra autoridad espiritual, muy afuera. Está claro que existen dos niveles de encuentros espirituales: uno en los cielos, que lo pelean los ángeles del cielo, y otro en la tierra. Aprenderemos más en los capítulos siguientes acerca de nuestra preparación para entablar la guerra espiritual aquí en la tierra.

CAPÍTULO 4

¿DÓNDE ESTÁ EL REINO CELESTIAL?

Dónde habitan los seres celestiales? El apóstol Pablo esperó catorce años para contar de una gloriosa visita al "tercer cielo". No estaba seguro de si se suponía que hablara de esto debido a la posibilidad de aparecer como algo que él no era. Supongo que si alguien tendría motivos para jactarse, sería Pablo. Él revela la genuina humildad que viene con una relación verdadera con Dios. Habla de la experiencia con cautela.

No podemos conocer, ni es necesario que conozcamos, todos los detalles acerca del reino celestial. Más bien debemos dar gracias porque tenemos un lugar debido a Jesús. Pablo ni siquiera estaba seguro de adónde fue. No sabía si fue una experiencia en el cuerpo o fuera de este. Lo que sí sabía era que no podía explicarla de manera adecuada. Escuchó palabras que sentía que no debía repetir.

A este tercer cielo se le llama paraíso.

> Conozco a un hombre en Cristo, que hace catorce años (si en el cuerpo, no lo sé; si fuera del cuerpo, no lo sé; Dios lo sabe) fue arrebatado hasta el tercer cielo. Y conozco al tal hombre (si en el cuerpo, o fuera del cuerpo, no lo sé; Dios lo sabe), que fue arrebatado al paraíso, donde oyó palabras inefables que no le es dado al hombre expresar.
>
> —2 Corintios 12:2-4

Existen "reinos" en el mundo espiritual. Nosotros somos de naturaleza terrenal; los ángeles y los demonios pueden viajar y vivir en estos reinos celestiales. Nosotros no podemos.

Los antiguos israelitas pensaban que había tres cielos. Es obvio que escribieron acorde a aquellos con lo que estaban familiarizados. Los judíos hablaban de tres cielos. El primer cielo consistía de la atmósfera terrestre donde están las nubes y los pájaros. El segundo cielo era donde están el sol, las estrellas y la luna. El tercer cielo era la morada de Dios. Cuando Pablo dijo que fue arrebatado al tercer cielo se estaba refiriendo al lugar preciso donde mora Dios.

En el libro de Job podemos ver el nivel de poder espiritual que vino en su contra. Los ángeles de Dios habían venido delante de Dios para darle un informe de su ministerio a los hombres en la tierra, y Satanás vino con ellos. "Un día vinieron a presentarse delante de Jehová los hijos de Dios, entre los cuales vino también Satanás" (Job 1:6).

Satanás había sido desterrado de la presencia de Dios. Tal vez vino con permiso de Dios en base a una petición. Él es el acusador de los hermanos. Independientemente de por qué vino, ahí está, y Dios le pidió un *informe*. "Y dijo Jehová a Satanás: ¿De dónde vienes? Respondiendo Satanás a Jehová, dijo: De rodear la tierra y de andar por ella" (v. 7). ¿De rodear la tierra y andar por ella? ¿Incluye eso alguna inspección al reino celestial?

Él había estado buscando a quien pudiera devorar. De seguro había investigado a Job. Cuando Dios le preguntó acerca de Job, Satanás básicamente lo llamó mercenario. Dijo que Job sólo servía a Dios porque Dios los había bendecido a él y a su familia. Satanás trató de tentar a Dios para que le hiciera daño a Job: "Pero extiende ahora tu mano y toca todo lo que tiene, y verás si no blasfema contra ti en tu misma presencia" (v. 11). Dios le dio permiso a Satanás para que lo hiciera.

Lea el increíble relato que aparece en Job 1.

> Dijo Jehová a Satanás: He aquí, todo lo que tiene está en tu mano; solamente no pongas tu mano sobre él. Y salió Satanás de delante de Jehová.
> —Job 1:12

Observe la rapidez y la gravedad de los ataques una vez que Satanás y su hueste de demonios comenzaron su obra. Usaron a gente de la tierra (los sabeos). Estos robaron los bueyes y las asnas y mataron a los sirvientes. El mensajero apenas acababa de informar a Job cuando le llegó un aviso de que fuego del cielo (¿relámpagos?) había consumido a las ovejas y a los pastores. Se estaba desatando un poder demoníaco en el reino celestial.

La Escritura dice que cuando el primer mensajero todavía estaba hablando, llegó otro mensaje de que los caldeos se habían llevado todos los camellos y mataron a los criados. Otra vez los demonios usaron personas para llevar a cabo su misión de odio y de daño. La noticia peor de todas era lo que Job había sospechado que podía suceder.

> Y acontecía que habiendo pasado en turno los días del convite, Job enviaba y los santificaba, y se levantaba de mañana y ofrecía holocaustos conforme al número de todos ellos. Porque decía Job: Quizá habrán pecado mis hijos, y habrán blasfemado contra Dios en sus corazones. De esta manera hacía todos los días.
>
> —JOB 1:5

Los hijos de Job estaban protegidos gracias a la vida de Job y a sus oraciones. Parece que lo que él imagina que pudiera ser, probablemente lo fuera. Sus hijos tal vez habían dado algún permiso legal para los ataques de Satanás. Entonces llega la noticia:

> Entre tanto que éste hablaba, vino otro que dijo: Tus hijos y tus hijas estaban comiendo y bebiendo vino en casa de su hermano el primogénito; y un gran viento vino del lado del desierto y azotó las cuatro esquinas de la casa, la cual cayó sobre los jóvenes, y murieron; y solamente escapé yo para darte la noticia.
>
> —JOB 1:18-19

Los demonios habían provocado una tormenta y le dirigieron para que destruyera a sus hijos. La casa quedó aplastada por los fuertes vientos, una especie de *tornado*. Los demonios no solo tenían poder para usar a personas en contra de Job, y también al clima en su contra, sino que vemos que además tenían poder para atormentarlo con enfermedades.

> Entonces salió Satanás de la presencia de Jehová, e hirió a Job con una sarna maligna desde la planta del pie hasta la coronilla de la cabeza. Y tomaba Job un tiesto para rascarse con él, y estaba sentado en medio de ceniza. Entonces le dijo su mujer: ¿Aún retienes tu integridad? Maldice a Dios, y muérete.
> —Job 2:7-9

Es interesante señalar que aunque a Satanás se le dio permiso para quitarle a Job todo lo que tenía, no le quitó su esposa. No puedo darle la razón de esto, pero parece ser que era parte del plan usar a su esposa en su contra. La mayoría de nosotros conoce la historia de Job y sus victorias al final. Dios tenía una cobertura completa alrededor de Job y de su familia debido a la vida de Job. Era imposible penetrarla aunque Satanás lo intentó y no pudo encontrar una abertura. A mi alrededor también hay una cobertura protectora. ¿Por qué voy a querer salirme de la misma o amenazar a los demonios con mis puños?

El príncipe territorial de Texas

Luego de estar varios años en un ministerio de liberación, comencé a aprender, por la experiencia, que había algunos demonios asociados con las personas que no podía mandar al abismo. Comencé a entender, hasta cierto punto, la jerarquía y el rango de los demonios. Aprendí ordenar a los demonios a que se identifiquen por su nombre. Yo tenía poco éxito al mandar a los espíritus a que salieran en base a su función, como el *espíritu de temor, el espíritu de rechazo*, etc. Descubrí que puede haber muchos espíritus con funciones similares. Comencé a entender por qué Jesús pidió el nombre del demonio en Marcos 5.

También pude ver que aunque él les ordenó que no hablaran en *público*, les exigió en *privado* el nombre por el cual Dios les reconocía. Comencé a entender que todos los demonios recibieron un nombre cuando fueron creados. Como fueron creados primero como ángeles santos, los nombres que recibieron eran significativos; tenían significados que describían la función creadora de cada ángel. Pude ver que ya que los demonios se rebelaron contra Dios, ahora eran lo opuesto de aquello para lo cual fueron creados. Por ejemplo, un ángel creado para ministrar salud es ahora un demonio que provoca enfermedad.

Comencé a ordenar a los demonios a que revelaran sus nombres creadores, los nombres dados por Dios antes de que cayeran de su primer estado. Los demonios siguen teniendo nombres en la actualidad, eso no ha cambiado. Son seres creados. También descubrí que esto no les gustó. Una vez que se les identifica, no pueden esconderse detrás de generalidades. A medida que fui mejorando en esta sencilla revelación, comencé a ver mayor éxito en la liberación. También empecé a ver que por cada demonio dentro de una persona, existe un homólogo en los lugares celestiales. Es como si los espíritus territoriales colocaran una parte de sí mismos adentro. Es una *célula* o *semilla*, por así decirlo, y esta permite a los espíritus dirigir sus reinos por *control remoto*.

Cuando se expulsa a un demonio aprendí a ordenar a ese espíritu que está en la persona que vaya al abismo y no regrese al reino celestial, y así se deja claro que no solo se le expulsa de la persona sino que queda separado de su principado. También dejo claro que los demonios no pueden volver a circular. Eso a ellos no les gusta. Cuando esto sucede básicamente el espíritu territorial se debilita; ha perdido parte del territorio. Nunca ordeno a los demonios a que vayan a los *lugares áridos* porque parece ser que allí se congregan y toman decisiones. No les ordeno que vayan a los *pies de Jesús* para que Él determine su destino. Ellos ya han estado ahí, Él ya decidió. Los envío al abismo y los saco de circulación.

Le diré que he aprendido mucho más a través de la experiencia que al tratar de analizar un pasaje bíblico. La experiencia que da vida a la Escritura es invaluable. He impartido suficientes horas de clase sobre la liberación como para hablar con cierta confianza. Calculo que debo tener diez mil horas de experiencia personal y de aprendizaje por la presencia y la enseñanza del Espíritu Santo en el aspecto de la liberación. Con seguridad no es un alarde, pero espero que esto afiance parte de lo que estoy diciendo.

Mi primer encuentro con los espíritus territoriales fue hace muchos años cuando una señora a la que yo estaba ministrando dijo:

—Él [el demonio] dice que usted no tiene autoridad para mandarlo al abismo.

—No es mi autoridad, la autoridad es en el nombre de Jesús —le contesté yo.

—Aún así, no puedes mandar a ese lugar. Yo no estoy adentro. Yo vine para ayudar al reino que está dentro —respondió el demonio.

—Bueno, yo puedo hacer que salgas en el nombre de Jesús —le dije yo.

—Sí, puedes hacerlo, pero no puedes sacarme de circulación —respondió el espíritu maligno.

Comencé a ver esto de manera habitual. Espíritus territoriales externos venían a ayudar a los subalternos que están dentro. Vienen para traer confusión, dudas y temores al candidato a liberación. Ya que estos tienen ciertos derechos legales sobre la persona, no quieren perder su reino. He descubierto que se retiran al reino celestial cuando se les ordena y luego se puede tratar con los demonios interiores en la manera correspondiente. Este es un patrón uniforme. Siempre es igual.

Poco después de comenzar a comprender este aspecto de su trabajo, también aprendí a reconocer la presencia de espíritus externos. Aprendí a *sentir* su presencia. Por lo general pudiera ser un ligero dolor de cabeza, la visión nublada o una confusión momentánea. Un día mientras ministraba a una señora hubo un encuentro inusual. Bill Allen, uno de los obreros de nuestro ministerio, también estaba en la sesión conmigo. Al mismo tiempo ambos *sentimos* una presencia maligna fuerte. Fue tan intensa que me sentí mareado. Pregunté:

—¿Está presente un espíritu territorial?

Apenas había dicho las palabras cuando el demonio habló a través de la señora.

—¿No puedes sentirme?

—¿Quién eres? —le dije imperativamente.

—Soy el príncipe de Texas. Yo soy... (No le daré su nombre porque no quiero escribirlo. Tampoco quiero que nadie lo diga.)

Desde entonces me he encontrado con este demonio muchas, muchas veces. Todo el mundo en nuestro ministerio lo conoce por su nombre, otros demonios saben quién es. Otros demonios saben que él es el príncipe de Texas. Es uno de millones de demonios. Quiero que usted comprenda que existe un gobierno de demonios muy organizado con diversos rangos y poderes. Este demonio en particular es un "tipo importante", pero en la estructura global sería similar al gobernador de Texas, muchos demonios por encima de él y muchos por debajo de él. A veces yo incluso le doy un respeto de tipo *militar* como un espíritu de alto rango, pero no como el enemigo de Jesucristo.

No obstante, es simplemente un demonio, solo un espíritu, y él siempre obedece al mandato de salir una vez que se ha determinado que ya no tiene derecho legal para permanecer ahí. No tiene alternativa. Él conoce las reglas y lo mismo pasa con todos los demás. Sin embargo, hasta que no comprendamos su funcionamiento, no podemos saber cómo entablar el combate. Él es solo uno. Es el Señor quien reprende a estos espíritus jerárquicos cuando nos apoyamos en el nombre de Jesús y en la verdad de su Palabra. Yo nunca desafío a un demonio.

Usted puede estar seguro de que hay un espíritu territorial sobre su estado, su condado, su ciudad, su vecindario, su cuadra y su casa; un gobierno sofisticado de ley y reinado en el reino de los espíritus demoníacos. Saber quiénes son no tiene ningún valor para usted. Conocer cuál es su función principal no le sirve de nada.

Los demonios no reciben un nombre de acuerdo a su función, ellos tienen nombres. Mi nombre no es *predicador,* eso es lo que yo hago. Incluso si usted cree que conoce al espíritu de una localidad, ¿qué ventaja tendría saberlo? No tiene ninguna. Que usted *entre* en la llamada guerra espiritual es una puerta abierta para que esos mismos espíritus le atormenten. No busque una pelea con principados y potestades. Déjelos tranquilos.

Manténgase enfocado en dónde está su autoridad y que está limitada para usted y lo que es suyo. Aventurarse a salir de este reino es muy peligroso. Es una batalla que no puede ganar.

CAPÍTULO 5

LÍMITES PROTECTORES PARA LOS LIBERADOS

Alguna vez a escuchado a alguien decir: "Dios me liberó de los tradicionalismos"? En un esfuerzo por experimentar más a Dios, algunos se van de la "sana doctrina" y permiten que su comezón de oír se satisfaga con predicadores y maestro de "doctrinas dañinas". No me estoy refiriendo a la multitud de personas que salen de una doctrina buena y sólida, pero incompleta y de la enseñanza tradicional que es típica de la denominación y restrictiva para ir a otras iglesias que enseñan una doctrina que no limita la obra del Espíritu Santo. Estoy hablando de otros que han salido a aventurarse, tal vez se han aventurado demasiado lejos.

Algunas de estas personas han albergado sus propios deseos para ser reconocidos por otros como *espirituales*. Tal y como Pablo le escribió a Timoteo, llegará el tiempo, y yo creo que ha llegado, cuando las personas no sufrirán la sana doctrina, sino que, siguiendo sus propios deseos, se amontonarán de maestros debido a su comezón de oír. (Véase 2 Timoteo 4:3.) Si los *tradicionalismos* de los que queremos salir son la Biblia y la sana doctrina, entonces regrese a ellos. Las cosas en las que creemos y de las que hablamos deben estar acorde con una sana doctrina bíblica. El apóstol Pablo trató este tema y aconsejó a los creyentes: "Para que ya no seamos niños fluctuantes, llevados por doquiera de todo viento de doctrina" (Efesios 4:14). Si nos permitimos salirnos de la sana doctrina, entonces nos volveremos vacíos y sin satisfacción en nuestra experiencia cristiana, y abriremos la puerta para la intrusión demoníaca.

Recuerde que cuando Pedro salió de la barca fue por invitación de Jesús. (Véase Mateo 14:22–33.) Él experimentó un gran momento, un milagro, pero luego regresó a la barca. Salió porque Jesús estaba allí, pero regresó cuando Jesús lo hizo. Los milagros que usted busca se

Mantenga los cerdos fuera de casa

producirán porque Jesús está presente y no porque usted se salió de la barca o de los tradicionalismos.

Yo creo que la mayoría de las personas se han salido de "la barca" porque sinceramente desean más de Dios. La mayoría se percata de que eso no está sucediendo y no tiene posibilidades de suceder en el lugar donde se encuentran adorando de momento. La doctrina sana resistirá la prueba. Deje que su "barca" sea la Palabra de Dios. Hay seguridad y certeza en la barca porque Dios respalda su Palabra.

Toda la Escritura es inspirada por Dios, y útil para enseñar, para redargüir, para corregir, para instruir en justicia, a fin de que el hombre de Dios sea perfecto, enteramente preparado para toda buena obra.

—2 Timoteo 3:16-17

Pero tú habla lo que está de acuerdo con la sana doctrina.

—Tito 2:1

Nos hacemos daño cuando vamos en contra de la ley de Dios y de sus principios espirituales. Como han dicho algunos, en realidad no quebrantamos los mandamientos de Dios, nos quebrantamos a nosotros mismos con sus mandamientos. No quebrantamos los mandamientos, los mandamientos nos quebrantan. Cuando tratamos de cambiar lo que Dios ha determinado acabamos luchando con Dios.

La protección de Dios

Dios protege lo que le pertenece. Recuerde cómo Dios protegió a los patriarcas en su condición incierta. Cuando llegaron como extranjeros a Canaán, y se establecieron allí, eran pocos y fácilmente pudieran haberlos derrotado y exterminado. Había muchos que querían destruirlos, sin embargo, a ningún hombre se le permitió hacerles daño. Dios contuvo la mano de los cananeos, filisteos y egipcios.

Por amor a ellos los reyes fueron reprobados y recibieron plagas. El poderoso faraón no pudo resistirse a Dios. Dios había llamado líderes para su pueblo. Ellos eran los ungidos del Señor. Fueron santificados por su gracia y gloria. Habían recibido la unción de su Espíritu. Eran sus profetas y predicadores, instruidos en las cosas de Dios por el mismo Dios. Fueron enviados a instruir a otros. Fueron llamados y separados por Dios. Por lo tanto, si alguien los tocaba, estaban tocando a la niña de los ojos de Dios; si alguien les hacía daño lo hacían a su propio riesgo.

Yo he experimentado esta protección divina sin ni siquiera estar consciente de que había un intento de dañar este ministerio. Hace muchos años, no mucho después de haber comenzado a visitar las cárceles, recibí un cheque del Fondo Fiduciario de Reclusos del Departamento Correccional de Texas de más de $600 dólares. El cheque era una ofrenda de parte de más de quinientos reclusos de una determinada cárcel en Texas. Habían recaudado un dólar más o menos de sus cuentas para enviármelo como una ofrenda de amor por mantenerme fiel en visitar su prisión. El capellán me llamó para explicarme qué tremendo acto de amor de parte de la congregación de reclusos. Eso me dejó abrumado. Todavía me sucede cuando lo recuerdo.

En aquella época yo ni sabía cómo funcionaba el fono fiduciario de los reclusos, ni siquiera sabía que existía. En esencia es como una cuenta bancaria para los reclusos. Si un ser querido envía dinero, el mismo va para este fondo. Mediante transacciones hechas en papel un recluso podía sacar dinero de su cuenta en el economato o podía incluso pedir que se enviara un cheque a alguien fuera de la prisión. La mayoría de los reclusos tienen muy poco o nada en sus cuentas. Durante un servicio de la iglesia de la prisión, la congregación había decidido que querían apoyar nuestro ministerio por ser fieles en ir allí. Yo no sabía nada al respecto.

Desde luego, el hecho de que quinientos reclusos enviaran un recibo para retiro de fondos dirigidos a mí llamó la atención del sistema penitenciario. Unas semanas después de recibir el cheque el capellán me llamó otra vez, casi llorando, y con la voz entrecortada. Me contó que el director de la prisión me había *prohibido* visitarla. Estaba convencido de que yo estaba llevando drogas o algo ilegal y por eso los reclusos me enviaban dinero. El capellán se disculpó y me dijo que los hombres orarían. En realidad no sabía qué hacer, así que no hice nada.

Mantenga los cerdos fuera de casa

Como tres semanas después el capellán me llamó otra vez y me dijo que al director le había dado un infarto y murió. Me informó que nuevamente sería bien recibido en la unidad. Recibí una llamada telefónica similar del director de la prisión del estado de Nueva York. Eso fue muchos años después. En una conversación muy afable él me dijo que un ministerio de prisiones de Nueva York en particular había presentado una queja en mi contra. La queja era que yo solo iba a las cárceles de Nueva York para averiguar qué reclusos tenían dinero. El director dijo: "Nosotros no lo creemos y agradecemos mucho todo lo que usted hace. Sin embargo, tenemos que investigar la queja de esta señora y hasta que no terminemos nuestra investigación usted no podrá ministrar en las cárceles del estado de Nueva York".

Yo no conocía a esta señora ni tenía idea de por qué se me acusaría de algo así. Es muy costoso hacer un viaje de Texas a Nueva York. Yo no tenía idea de haber recibido jamás dinero alguno de un recluso en Nueva York. Saber que alguien había mentido con relación a mí y a nuestro ministerio me dolió mucho. No sabía qué hacer, así que, una vez más, no hice nada. Todavía no sé quién fue esa mujer.

Pasaron unos meses y recibí otra llamada telefónica del director. Él se disculpó y fue muy profesional en su trato: "Don, no hay ningún problema con su ministerio y puede venir cuando lo desee". También me dijo: "Por cierto, la mujer que presentó la queja desde entonces perdió su familia y su ministerio". Yo me considero "la niña de los ojos de Dios". Sé que él me ha llamado y sé que estoy ungido. No es jactancioso decirlo, yo no tuve nada que ver en el asunto. Mi función es ser fiel.

Existen ciertos límites que no debemos cruzar. Existen lugares a los que no debemos ir. En la próxima sección analizaremos cómo reconocer y evitar las fortalezas demoníacas que pudieran ser fuentes de opresión e intrusión demoníaca. Ya sea que usted ya fue liberado de la interferencia demoníaca y ahora está buscando entender cómo "mantener los cerdos fuera de casa", o que necesita una enseñanza que le ayude a comprender y reconocer dónde pudiera tener una puerta abierta que permita la entrada de los demonios, descubrirá algunas de las fortalezas que necesitan ser erradicadas en su vida y aprenderá a permanecer dentro de los límites protectores de su Padre en el futuro.

SECCIÓN 2

RECONOCER Y EVITAR LAS FORTALEZAS

CAPÍTULO 6

NO DEJE QUE LAS FORTALEZAS LO ENREDEN

En esta sección del libro vamos a analizar más detalladamente cómo reconocer *y evitar* las fortalezas demoníacas. Las que rápidamente tomarán el control en la vida de la persona que no ha cerrado y puesto los cerrojos a las puertas al confesar todo pecado conocido, que camine en obediencia a la Palabra de Dios y se concentre solo en aquellas cosas sobre las que Dios ha dado autoridad a sus hijos mediante su justicia y salvación.

Perturbado e ignorado

La Biblia contiene una historia que destaca las dificultades en las que nos podemos meter cuando abrimos una puerta y nos salimos de los límites de Dios. Lea el relato bíblico de esta parábola sobre el buen samaritano, y permítame repasar los peligros de quedar perturbado e ignorado.

> Respondiendo Jesús, dijo: Un hombre descendía de Jerusalén a Jericó, y cayó en manos de ladrones, los cuales le despojaron; e hiriéndole, se fueron, dejándole medio muerto. Aconteció que descendió un sacerdote por aquel camino, y viéndole, pasó de largo. Asimismo un levita, llegando cerca de aquel lugar, y viéndole, pasó de largo. Pero un samaritano...
> —Lucas 10:30–33

Mantenga los cerdos fuera de casa

Usted conoce la historia. Ha escuchado este mensaje. Si ha estado en la iglesia algunas veces, lo conoce. Es una historia conocida por todos, llamada la parábola del buen samaritano. Esto puede haber sido más que una parábola, puede haber sido el informe de un suceso reciente que salió en las noticias de Jericó y Jerusalén. Era una historia muy verosímil. Los sacerdotes que vivían en Jericó, pero que ministraban en Jerusalén, a menudo viajaban por el camino de Jericó a Jerusalén. Los levitas, que servían a los sacerdotes, también eran viajeros comunes por ese camino. Tal vez Jesús estaba relatando un incidente, pero de cualquier manera, mediante la historia estaba ilustrando una verdad mayor. (Ver Lucas 10:30–37.)

Cierto hombre fue atacado, golpeado, robado y lo dejaron por muerto. ¿Quiénes fueron los ladrones? ¿Árabes salteadores de caminos? No está claro si fueron árabes, saqueadores que vivían de los botines, algunos criminales de su propia nación o soldados romanos que, a pesar de la estricta disciplina de su ejército, causaron este daño, pero estaban *pelados*. Prácticamente siempre aquellos que *golpean* andan *pelados*. Muy a menudo ellos mismos fueron primero víctimas de las adversidades de la vida. En la situación de hoy es muy probable que este crimen hubiera estado vinculado a una pandilla. La indignación nos llena cuando escuchamos de tales crímenes. El odio endurecido de gente así revuelve una ira justa en nosotros.

De cualquier manera, el hombre necesitaba ayuda. Es muy probable que fuera judío y le hubiera sido de mucha ayuda si alguien de su propia nación y religión pasara por allí.

Pasó un sacerdote. Lo vio y no pudo evitar percatarse de su imperiosa necesidad. Al ver su cuerpo ensangrentado y escuchar sus gemidos, el sacerdote se dio cuenta. Qué corazón tan *perturbado* tenía el sacerdote. Se suponía que fuera un hombre de carácter público y de prominencia religiosa, un hombre que profesara santidad, cuyo oficio le obligaba a mostrar ternura y compasión. (Véase Hebreos 5:1–2.) Es muy probable que se tratara de alguien que enseñara a otros cómo reaccionar en situaciones como esta. Sin embargo, este hombre herido fue *ignorado* por el *perturbado*.

No deje que las fortalezas lo enreden

Qué sensación de vacío y repulsión debe haber sentido si estaba consciente: un sacerdote se le dio la espalda. Estoy seguro de que mientras pasaba de largo, el sacerdote justificaba sus acciones. Estaba cansado...iba de camino a casa...nadie lo estaba mirando...no reputación no estaba en juego. En realidad estaba *perturbado* en su relación con Dios, consigo mismo y con otros. Escuche...existen algunos corazones *perturbados* en las vidas de la llamada gente *restaurada*.

Ahora llega el levita. Este no solo vio al hombre herido sino que lo miró (Lucas 10:32). Él hizo una evaluación. Examinó el daño y quizá le miró a los ojos, pero rápidamente se alejó tanto como le fue posible, como si dijera: "Yo no vi nada". Tal vez era demasiado importante, era parte de la sociedad *acicalada* que sabía que no debía comportarse así, pero igual lo hacía. La compasión también era parte de su aprendizaje y enseñanza cotidianos. El *golpeado* por el *pelado* ahora era *ignorado* por el *perturbado* y el *acicalado*.

La Biblia dice que el hombre herido estaba medio muerto. Supongo que el sacerdote y el levita se dieron cuenta de que la situación implicaba más de lo que ellos estaban dispuestos a dar. Sería más que ayudarlo a ponerse de pie. Implicaba tiempo, esfuerzo y dinero. Resulta interesante que cada vez que a Jesús le hacían preguntas *difíciles*, él sencillamente dice: "Ámame y ama a tu prójimo como a ti mismo". (Véase Mateo 22:37–40.) La Palabra hace énfasis en que esto *resume* los mandamientos de Dios.

Entonces llega el buen samaritano. ¿Quién es el llamado *buen samaritano*? Puede que haya estado *acicalado*, pero no estaba *perturbado*. En realidad un *buen* samaritano hubiera sido alguien que guardara la ley y obedeciera los mandamientos. En la actualidad solo quedan unos cientos de samaritanos ubicados en Nablus, a unas cuarenta millas (60 kilómetros) al norte de Jerusalén. Por supuesto que usted conoce a la mujer samaritana de Juan 4. El asunto aquí no es que el hombre fuera samaritano, sino que obedeció a la ley de Dios y que su corazón estaba alineado con el corazón de Dios. Él no pudo evitar mostrar compasión. Dios es amor.

53

Este hombre *recogió* al *quebrantado*. Amó al que no tenía nada de atractivo. Es obvio que este hombre ya tenía una relación con Dios. Él estaba *restaurado*. Una buena señal de un corazón *restaurado* es la compasión. El no interesarse es una señal obvia de un corazón *perturbado*.

El samaritano no solo *recogió* al hombre herido sino que *renunció* a su propia comodidad, puso al hombre sobre su propio animal. *Renunció* a su propio tiempo y dinero y *pagó* por los gastos médicos, la comida y el hospedaje del hombre herido.

A menudo nos parece que *no damos la talla*. Pero realmente Dios no nos pide mucho. Apenas nos pide que lo amemos con toda nuestra mente, nuestro corazón, nuestra alma y que amemos a otros como nos amamos a nosotros mismos. Cualquiera que ha sido *limpiado* por la sangre de Jesucristo puede *dar el paso* y ser obediente.

Amarás al Señor tu Dios con todo tu corazón, y con toda tu alma, y con toda tu mente; y a tu prójimo como a ti mismo. Esta es mi manera de preguntarle, ¿cuál de las condiciones de esta sección corresponden mejor con usted y su vida hoy día?

Preparación para la liberación

Ya sea que usted esté tratando con interferencia demoníaca y esté buscando los pasos para la liberación por primera vez o que ya antes haya sido liberado del yugo de Satanás y ahora quiere ayudar a otros a liberarse, o que esté tratando con demonios otra vez por segunda o tercera, hay cierta preparación elemental que usted debe tener para estar listo para ser liberado.

Comencemos esta sección con un vistazo general a los pasos que debe seguir para experimentar la liberación.

Hace algún tiempo una señora llenó un formulario de petición de liberación a nuestro ministerio y posteriormente se le programó una cita. Antes de ver a cualquier persona en nuestra oficina, hemos descubierto que es muy importante que la persona esté tan preparada como sea posible para la experiencia de liberación. Enviamos información que explica el proceso y le pide al candidato que haga ciertos tipos de oración antes de venir. Incluimos un DVD al que llamamos

"Introducción a la liberación". Hacemos todo lo que sea posible para que la persona se sienta cómoda al venir, pues sabemos que los demonios harán su trabajo de intimidación. Pedimos a la persona que trate con muchas cosas antes de venir a nuestra oficina. Estos son los mismos asuntos con los que la persona debe estar dispuesta a tratar antes de recibir la liberación.

1. Deshágase de toda falta de perdón.
Para que la liberación tenga éxito *no* puede haber falta de perdón en su vida. La falta de perdón es un permiso legal para que los demonios atormenten a los creyentes. Lea Mateo 18:23–35. No descuide el aspecto de perdonarse a sí mismo, debe perdonarse a sí mismo para ser libre.

Una típica oración pudiera ser así:

Padre, ya que tú me has perdonado, decido perdonar a otros. Perdono a cualquiera que me haya herido, mentido o decepcionado. Confieso la falta de perdón como un pecado y me arrepiento. Recibo tu perdón y lo aplico a mi vida al perdonarme a mí mismo. Gracias por tu gracia y tu misericordia. En el nombre de Jesús, amén.

2. Renuncie a toda actividad satánica.
Si alguna vez estuvo involucrado en alguna actividad satánica (por inocente que fuera): brujería, sectas u ocultistas, debe renunciar a las mismas.

Oración típica:

Padre, renuncio a cualquier atadura o acuerdo que yo haya hecho alguna vez con Satanás y el reino de las tinieblas. Sé que no existe contrato válido con un mentiroso y renuncio a cualquier palabra, juramento o promesa hechos a Satanás. Decido ser totalmente libre de ellos. Decido ser limpio de cualquier vínculo con Satanás. En el nombre de Jesús, amén.

3. Renuncie a los vínculos del alma.

Las relaciones sexuales fuera del matrimonio se denominan *vínculos del alma* y cada una puede ser una puerta de entrada para los espíritus demoníacos. Estos vínculos deben romperse al confesarlos como pecado y luego escoger ser libres de los mismos.

Voy a incluir una oración que usted puede hacer. Sería mejor si pudiera hacerlo al denunciar cada uno por su nombre; haga su mejor esfuerzo. El proceso de liberación implica cancelar el permiso para que los espíritus malignos estén en nuestras vidas. Esta oración y renunciación cancelará el consentimiento que se otorgó mediante los vínculos del alma. La oración puede ser algo así:

Padre, confieso el pecado de las relaciones sexuales fuera del matrimonio. Renuncio a esa actividad pecaminosa en el nombre de Jesús. Revoco esta parte de mí que fue dada a otra persona y rechazo esa parte de otro que puede haber llegado a mí. Denuncio los vínculos del alma con [DIGA EL NOMBRE] y decido ser libre en el nombre de Jesucristo. Amén.

4. Confiese las religiones falsas y renuncie a ellas.

También hay que confesar las religiones falsas y renunciar a ellas. Haga esta oración:

Padre, debido a mi relación contigo a través de tu hijo Jesucristo, y en su nombre, renuncio a toda asociación con la adoración pagana, los falsos dioses, las deidades falsas y cualquier interacción con ellas. Perdono a mis ancestros por su participación y rompo cualquier vínculo con cualquier religión que niegue la deidad del Señor Jesús. Solo él es Señor. Solo él puede perdonar pecados y darle al hombre vida eterna. Confío plenamente en Jesucristo y me separo de los pecados de mis ancestros en el nombre de Jesucristo, Amén.

Estos son los requisitos para cualquiera que venga a nuestro ministerio. Estas son las peticiones básicas antes de la sesión de liberación. Las oraciones que mandamos como propuesta son muy generales. Por supuesto, pudiera haber otros aspectos de permiso que pueden abrir la puerta para los ataques y las fortalezas satánicos.

5. Evite salir fuera de la autoridad que Dios le ha dado.

Un aspecto que parece ser problemático para muchas personas es salirse de los límites en los que no tiene experiencia en la guerra ni tampoco autoridad.

En una ocasión yo estaba en Houston llevando a una señora por el proceso de liberación. Estábamos en la casa de unos amigos del ministerio. La señora que pasaba por el proceso de liberación era una joven hermosa, graduada de una universidad de alto rango. Todos nos sentamos alrededor de la mesa del comedor. Cuando comenzamos el proceso ella se puso muy inquieta, lo cual es bastante normal.

Durante cinco horas me dio los nombres de los demonios a medida que se iban dando las órdenes. Se deben haber identificado unos cien demonios. Por último, cerca de la media noche, yo dije:

—Algo anda mal. Hay una puerta muy grande abierta. Es una puerta giratoria y tan pronto como un demonio sale, otro entra.

Yo traté las posibilidades evidentes como pecados no confesados, ira, falta de perdón, etc. En cada posibilidad ella estaba segura de que no había pecado no confesado en su vida. Por último yo dije:

—¿Ha intentado hacer guerra espiritual contra demonios que tienen una misión territorial, quienes tienen misiones externas y no son demonios con los que usted lucha en su propia vida?

—Oh, todos los días —dijo ella—. Camino por mi vecindario y ato espíritus sobre ciertas casas y sobre mi ciudad.

Enseguida supe que ese era el problema. Hablé con ella largamente sobre la autoridad que Dios ha dado a los creyentes. Le recordé que la Biblia es muy clara en que estas batallas le pertenecen a Dios y a los ángeles y no a ella. Le pregunté si podía confesar que había ido más allá de su esfera de autoridad y ella dijo que sí. Sencillamente eso fue lo que hizo. Simplemente confesó. Después de hacerlo regresé al proceso de liberación y ordené al espíritu territorial que se identificara a sí mismo.

Parecía sorprendida cuando me dio su nombre y luego dijo: "Ese es el hombre de mi barrio". En el nombre de Jesús ordené que el espíritu demoníaco le confesara que saldría de ella y no la molestaría otra vez. De sus labios salieron estas palabras: "Si ella me deja en paz, yo la dejaré en paz".

Hay muchas otras historias como esta que pudiera contarle. No empiece una pelea que usted no puede ganar. Nuestra autoridad no se extiende al reino celestial. No tenemos derechos en los cielos. Piénselo. ¿Por qué habría de aventurarse allí? No lo haga.

En los capítulos restantes de esta sección del libro haremos un análisis de algunas de las fortalezas que necesitamos evitar para permanecer libres.

CAPÍTULO 7

LA FORTALEZA MÁS COMÚN

La FORTALEZA LEGAL más común que yo he encontrado es la falta de perdón. Lo vemos constantemente. La mentira que los demonios utilizan aquí es hacer que la persona sienta que su ira o su amargura hacia otra persona, y a veces incluso su ira con Dios, están justificadas.

> Y cuando estéis orando, perdonad, si tenéis algo contra alguno, para que también vuestro Padre que está en los cielos os perdone a vosotros vuestras ofensas. Porque si vosotros no perdonáis, tampoco vuestro Padre que está en los cielos os perdonará vuestras ofensas.
>
> —MARCOS 11:25–26

La falta de perdón no es una opción, es una obligación. Las palabras finales en la poderosa parábola sobre la falta de perdón dicen: "…le entregó a los verdugos…Así también mi Padre celestial hará con vosotros si no perdonáis de todo corazón cada uno a su hermano sus ofensas" (Mateo 18:34–35).

Cuando Pedro preguntó a Jesús sobre cuántas veces un hombre tenía que perdonar, él alegó que siete veces parecían suficientes, pero Jesús dijo: "No te digo hasta siete, sino aun hasta setenta veces siete" (v. 22). Luego de decirle a Pedro estas palabras asombrosas, Jesús terminó de hacer énfasis con una parábola sobre las consecuencias de no perdonar.

Habló de un hombre que tenía una gran deuda, pero que no podía pagarla. Su deuda era insuperable y estaba a punto de perder a su esposa y sus hijos. Él debía $101 millones y la ejecución hipotecaria era inminente. (Ver Mateo 18:23–35.) El hombre fue a su acreedor y le suplicó paciencia y perdón. "El señor de aquel siervo, movido a misericordia, le soltó y le perdonó la deuda" (v. 27). Él tenía una deuda que no podía pagar y fue perdonado. Ese deudor es una imagen de nosotros.

Pero entonces este hombre, quien había recibido tanta gracia y perdón, fue adonde estaba uno de sus consiervos para cobrar una deuda de unos cuarenta dólares. El hombre que había recibido tanto perdón fue tras una pequeña deuda con venganza. Agarró al hombre por el cuello y lo amenazó con la cárcel. Aunque su deudor le suplicó paciencia y prometió pagarle, hizo que echaran al hombre en la cárcel.

Esto es un cuadro vívido de cómo el cielo ve nuestros actos de falta de perdón. Hemos recibido gracia sin medida, amor incondicional y perdón de una deuda que no podíamos pagar. Sin embargo, muy a menudo nos negamos a perdonar a alguien que está a nuestro mismo nivel.

El hombre que había perdonado la gran deuda le dijo estas palabras a este hombre: "Siervo malvado, toda aquella deuda te perdoné, porque me rogaste. ¿No debías tú también tener misericordia de tu consiervo, como yo tuve misericordia de ti? Entonces su señor, enojado, le entregó a los verdugos, hasta que pagase todo lo que le debía" (vv. 32–34).

Esta parábola que Jesús contó es triste. Nadie trataría a otra persona así.... ¿no es cierto? El cuadro es claro, el perdón no es una opción si usted quiere ser libre. Mire las fuertes palabras de Jesús después de contar la parábola.

> Así también mi Padre celestial hará con vosotros si no perdonáis de todo corazón cada uno a su hermano sus ofensas.
>
> —MATEO 18:35

La falta de perdón es como el insulto supremo a Dios e implica un castigo grave para los creyentes. Dios entrega al creyente que no perdona a los verdugos, a los espíritus malignos. No, no es que uno pierda la salvación, sino que muchos creyentes viven hoy día en un tormento porque se niegan a perdonar. La falta de perdón entristece al Espíritu Santo de Dios.

La fortaleza más común

Y no contristéis al Espíritu Santo de Dios, con el cual fuisteis sellados para el día de la redención. Quítense de vosotros toda amargura, enojo, ira, gritería y maledicencia, y toda malicia. Antes sed benignos unos con otros, misericordiosos, perdonándoos unos a otros, como Dios también os perdonó a vosotros en Cristo.

—Efesios 4:30–32

La falta de perdón es pecado. El pecado solo puede quitarse mediante la confesión y el arrepentimiento. Le digo sin pensarlo dos veces que si en su vida hay falta de perdón, tiene demonios en su vida. El perdón no es un acto de la voluntad ni tampoco es un consenso de que es lo correcto. Usted no puede *disponer* el perdonar. Hay que arrepentirse delante de Dios de la falta de perdón. Es un olor fragante para Dios y él siempre recibe el hecho de que perdonemos a otros. La sanidad viene a través del perdón.

La falta de perdón es un tormento. Dios entrega a aquellos que se niegan a perdonar a los torturadores. Libera del yugo a los que perdonan. Perdón es lo que recibimos con la salvación. Dios honra el perdón. Cuando perdonamos estamos siendo como Cristo, como el hijo de Dios. Una vez que la falta de perdón desaparece, los demonios que llegaron con ese permiso deben ser expulsados. No necesariamente se marchan simplemente porque usted se arrepintió. Expúlselos.

Una de las cosas que vemos sanadas habitualmente cuando se hace esto es la fibromialgia. También vemos que se sanan diversos niveles de artritis. La idea es sencilla: Si las palabras agradables y el corazón alegre son medicina para los huesos, ¿qué son la ira y la amargura para los huesos? Si arrepentirse y alejarse del mal es medicina y refrigerio para los huesos, ¿qué es entonces el aferrarse a la falta de perdón?

Panal de miel son los dichos suaves;
Suavidad al alma y medicina para los huesos.

—Proverbios 16:24

Mantenga los cerdos fuera de casa

> El corazón alegre constituye buen remedio;
> Mas el espíritu triste seca los huesos.
> —Proverbios 17:22

> No seas sabio en tu propia opinión;
> Teme a Jehová, y apártate del mal;
> Porque será medicina a tu cuerpo,
> Y refrigerio para tus huesos.
> —Proverbios 3:7-8

Lo que no es el perdón

Algunas personas no perdonan porque malinterpretan lo que es el perdón. No es decir lo que pasó está bien. Siempre será doloroso, los actos que le hirieron y le ofendieron siempre estarán mal y siempre serán dolorosos cuando usted los recuerde. Cuando Jesús me perdonó no dijo que el pecado estaba bien. El pecado es algo abominable, llevó a Jesús a la cruz. Lo que él dijo fue: "Te amo de todas maneras, a pesar del pecado y de los actos abominables y dolorosos". Usted puede hacer eso. Puede mirar a la(s) persona(s) que le ha(n) ofendido y decir: "No te deseo mal. Quiero que Dios te ame tanto como me ama a mí". Si corresponde la venganza, se la entrego a Dios. Yo no merecía el perdón cuando Dios me lo dio. Puede que la persona que le ofendió tampoco merezca el perdón, pero ya que es la manera en que Dios actúa y lo que él ordena, usted lo hace.

Yo estaba en e una reunión en Tomball, Texas, en las afueras de Houston. Nunca olvidaré esta reunión, ni tampoco los miembros de nuestro equipo que estaban allí. Cuando hice el llamado al altar una señora se paró de su asiento y vino al frente. Muchos otros también habían venido y los miembros de nuestro ministerio estaban orando con varias personas. Sin embargo, cuando esta señora vino, otros vinieron junto con ella. Yo no lo sabía en aquel momento, pero se trataba de su familia, hijos mayores con sus cónyuges. La mujer era tan gruesa que apenas podía sostenerse en pie. Además se había puesto

La fortaleza más común

muy rígida mientras yo hablaba con ella. La invité a sentarse en la primera silla junto al pasillo.

Cuando me incliné para hablar con ella me dijo que sabía que tenía demonios porque no podía perdonar. Yo le dije:

—Claro que usted puede perdonar. Solo decida hacerlo. —Ella insistía en que no podía hacerlo y también dijo que muchas veces había prometido que nunca perdonaría. Tenía lágrimas en los ojos—. Se trata de mi madre. Nunca la perdonaré. Aunque ya está muerta, no la perdonaré —me dijo.

Conversé un poco más con ella y le dije que no podía liberarse de su tormento hasta que no perdonara.

—No puedo decirlo. Ni siquiera puedo pronunciar las palabras.

—Sí, sí puede hacerlo, solo repita estas palabras después de mí.

—Yo seguí insistiendo en que me mirara y la animaba—. Solo diga las palabras: "Yo perdono a mi madre".

—No puedo hacerlo. Si la perdono, entonces ella gana —dijo ella.

Su familia la rodeó en un círculo y se dieron las manos.

—No —le contesté—, si usted la perdona, usted gana y su familia gana.

Ella luchó y barboteó, pero no podía decir las palabras. Por fin lo hizo con palabras que parecieron salir disparadas de su boca.

—¡Yo perdono a mi madre!

Cuando dijo esas palabras su familia cayó junta al suelo y ella rompió a llorar. La familia permaneció en el suelo en silencio mientras yo simple y suavemente, en el nombre de Jesús, ordené a los demonios que salieran. Lo hicieron, el derecho que ellos tenían sobre ella y sobre su familia se rompió en ese momento.

Santiago 3:14-17 nos da algunas advertencias acerca de posibles entradas semejantes a la falta de perdón.

Pero si tenéis celos amargos y contención en vuestro corazón, no os jactéis, ni mintáis contra la verdad; porque esta sabiduría no es la que desciende de lo alto, sino terrenal, animal, diabólica. Porque donde hay celos y contención, allí hay

63

perturbación y toda obra perversa. Pero la sabiduría que es de lo alto es primeramente pura, después pacífica, amable, benigna, llena de misericordia y de buenos frutos, sin incertidumbre ni hipocresía.

Si usted ha reconocido en su vida la presencia de falta de perdón o cualquier otra de las fortalezas relacionadas que se mencionan en los versículos anteriores, y quiere ser libre de los demonios que habitan en estas fortalezas, haga esta oración:

Padre celestial: Te pido que me perdones por no perdonar. Reconozco que la falta de perdón es un pecado y me arrepiento delante de ti y te pido que me des paz. Perdono a todos los que me han herido y te doy gracias por perdonarme por albergar amargura e ira contra ellos. Decido perdonarme; recibo y aplico tu perdón en mi vida. Quiero la paz que tú me das. Te doy gracias por Jesús y el perdón que Él nos proporcionó en la cruz. En el nombre de Jesús, amén.

CAPÍTULO 8

AGRESIÓN ESPIRITUAL

Soy un fanático de la liga de fútbol estudiantil. Quiero decir que no me pierdo un juego los viernes en la noche. Supongo que en cada juego de fútbol hay personas que van a ver el juego y otras que van a ver la banda rítmica. Yo soy el que va a ver el juego. No soy fanático de las bandas aunque la escuela que yo apoyo tiene una banda que ha ganado campeonatos nacionales. Ni siquiera sabía que había concursos de bandas rítmicas hasta hace unos años. Nunca pensé en eso. En estos días hay muchas marchas: marchas por los derechos de las mujeres, candidatos políticos, derechos de los homosexuales, derechos de los animales, derechos de las minorías... Le sorprendería las cosas por las que puede marchar, prácticamente cualquier cosa que se le ocurra.

Marchar incluso se ha vuelto popular en el mundo de la iglesia. Algunos marchan para "conquistar nuestros vecindarios, ciudades, condados, países y el mundo para Dios". Eso suena muy bien, pero hay demasiados cristianos involucrándose en esta agresión espiritual. Algunas veces existe una intimidación que viene de líderes cristianos que dicen que si uno no se involucra en la guerra, todavía no ha logrado el triunfo.

Entonces, ¿qué es la *guerra espiritual* a fin de cuentas? En realidad el término ni siquiera se menciona en la Palabra de Dios. Sin embargo, los principios se encuentran en los versículos siguientes:

> He aquí os doy potestad de hollar serpientes y escorpiones, y sobre toda fuerza del enemigo, y nada os dañará.
>
> —Lucas 10:19

Por lo demás, hermanos míos, fortaleceos en el Señor, y en el poder de su fuerza. Vestíos de toda la armadura de Dios, para que podáis estar firmes contra las asechanzas del diablo. Porque no tenemos lucha contra sangre y carne, sino contra principados, contra potestades, contra los gobernadores de las tinieblas de este siglo, contra huestes espirituales de maldad en las regiones celestes. Por tanto, tomad toda la armadura de Dios, para que podáis resistir en el día malo, y habiendo acabado todo, estar firmes. Estad, pues, firmes, ceñidos vuestros lomos con la verdad, y vestidos con la coraza de justicia, y calzados los pies con el apresto del evangelio de la paz. Sobre todo, tomad el escudo de la fe, con que podáis apagar todos los dardos de fuego del maligno. Y tomad el yelmo de la salvación, y la espada del Espíritu, que es la palabra de Dios; orando en todo tiempo con toda oración y súplica en el Espíritu, y velando en ello con toda perseverancia y súplica por todos los santos.

—Efesios 6:10–18

Este mandamiento, hijo Timoteo, te encargo, para que conforme a las profecías que se hicieron antes en cuanto a ti, milites por ellas la buena milicia.

—1 Timoteo 1:18

Pelea la buena batalla de la fe, echa mano de la vida eterna, a la cual asimismo fuiste llamado, habiendo hecho la buena profesión delante de muchos testigos.

—1 Timoteo 6:12

Porque no nos ha dado Dios espíritu de cobardía, sino de poder, de amor y de dominio propio.

—2 Timoteo 1:7

Ninguno que milita se enreda en los negocios de la vida, a fin de agradar a aquel que lo tomó por soldado.

—2 Timoteo 2:4

Agresión espiritual

Ninguno que milita se enreda en los negocios de la vida, a fin de agradar a aquel que lo tomó por soldado.

—Hebreos 10:32

Hijitos, vosotros sois de Dios, y los habéis vencido; porque mayor es el que está en vosotros, que el que está en el mundo.

—1 Juan 4:4

Y ellos le han vencido por medio de la sangre del Cordero y de la palabra del testimonio de ellos, y menospreciaron sus vidas hasta la muerte...Entonces el dragón se llenó de ira contra la mujer; y se fue a hacer guerra contra el resto de la descendencia de ella, los que guardan los mandamientos de Dios y tienen el testimonio de Jesucristo.

—Apocalipsis 12:11, 17

Al examinar estos pasajes usted verá que la guerra espiritual bíblica se enfoca en la batalla entre el cristiano y los demonios por la *fe* del creyente. La primera batalla a la que cada creyente ha sido llamado es contra los ataques *personales* de parte de los poderes demoníacos. Tenemos que levantarnos contra tentaciones, acusaciones y mentiras. Tenemos que resistir temores, lujurias, obstáculos, maldiciones y cosas por el estilo. Hay una enseñanza clara en la Palabra de Dios de que es Dios quien vence a nuestro enemigo. Es la aplicación personal de la palabra y el nombre de Jesucristo con relación a cada persona. No hay ni un indicio en toda la Biblia que enseñe a la iglesia a derrocar el dominio de Satanás en este mundo.

Es interesante que a menudo, cuando se trata el tema de la guerra espiritual, ya sea por escrito, desde el púlpito, en televisión o en una conversación privada, la idea que se propone es que la Iglesia debe ser agresiva espiritualmente al luchar, que tenemos que luchar contra los principados y potestades, contra los gobernadores de las tinieblas y las huestes de maldad en los lugares celestes.

En realidad eso no es lo que la Escritura nos enseña en lo absoluto. La armadura espiritual de la que habla Pablo es para que estemos cubiertos y podamos soportar y bloquear los "dardos de fuego" del maligno. No hay instrucción de buscar a los demonios. La amonestación es que estemos protegidos con lo que Jesús ya ha proporcionado. Nosotros no luchamos, nosotros seguimos. Nosotros resistimos con el poder de *su fuerza*. Tenemos que orar, velar y resistir, no buscar y destruir.

No busque pleitos con los demonios. Tenemos que resistir al diablo y a sus demonios, y lo hacemos al humillarnos delante de Dios, no amenazando a los demonios con nuestros puños. Cuando los poderes demoníacos han ganado terreno legal, tenemos que quitarles sus derechos mediante la confesión y el arrepentimiento, no gritándoles. A menudo lo único que esto logra es darles más derechos legales.

Nosotros tenemos que resistir. Tenemos que estar firmes en la Palabra. Los principados y potestades ya han sido derrotados. Nuestra victoria está vestida de su justicia y verdad. Está ejerciendo la verdad de la Palabra de Dios contra el engaño y los trucos de las mentiras demoníacas.

> Por lo cual estoy seguro de que ni la muerte, ni la vida, ni ángeles, ni principados, ni potestades, ni lo presente, ni lo por venir, ni lo alto, ni lo profundo, ni ninguna otra cosa creada nos podrá separar del amor de Dios, que es en Cristo Jesús Señor nuestro.
> —ROMANOS 8:38-39

Nuestra persuasión está en la Palabra de Dios y la obra completa de Jesucristo, no en la guerra agresiva que pudiéramos intentar hacer. Jesús destruyó a los principados y potestades mediante su sangre derrama, su muerte, sepultura y resurrección. Él los anuló y los expuso, triunfó sobre ellos. Nuestra agresión en contra de este ejército invisible de los poderes demoníacos del reino celestial es permanecer en la verdad. Siempre es un encuentro con la verdad, nunca es cuestión de poder.

> Porque en él fueron creadas todas las cosas, las que hay en los cielos y las que hay en la tierra, visibles e invisibles; sean

Agresión espiritual

tronos, sean dominios, sean principados, sean potestades; todo fue creado por medio de él y para él.

—Colosenses 1:16

Y despojando a los principados y a las potestades, los exhibió públicamente, triunfando sobre ellos en la cruz.

—Colosenses 2:15

El poder del diablo es la mentira, sencilla y llanamente, una verdad torcida, una media verdad; el padre de las mentiras y el engaño es Satanás. Sus demonios son como él. Ellos no pueden tolerar la verdad. Cuando usted cree una mentira, les da poder a los demonios. Decirles que se vayan no sirve de nada hasta que usted se arrepienta de la mentira y abrace la verdad.

Cualquier creencia falsa se exalta así misma en contra del conocimiento de Dios. No importa qué eventos enmarcaron y formaron la mentira. Solo puede arreglarse con la verdad. Las heridas espirituales que llevamos por lo general provienen de algún trauma en la carne. Sin embargo, no combatimos ni arreglamos esas heridas con actos de la carne. Cubrimos las heridas con perdón. Los poderes demoníacos que nos mienten sobre nosotros mismos y nos dicen que no somos dignos y que somos difíciles de amar, deben ser resistidos con la verdad. No existe otra manera. Ignorar la verdad es abrazar la mentira.

Así es cómo usted derriba los argumentos. ¿Cuál es la verdad? Entonces créala y aplíquela. Nuestras armas son poderosas en Dios... ¡punto!

Pues aunque andamos en la carne, no militamos según la carne; porque las armas de nuestra milicia no son carnales, sino poderosas en Dios para la destrucción de fortalezas, derribando argumentos y toda altivez que se levanta contra el conocimiento de Dios, y llevando cautivo todo pensamiento a la obediencia a Cristo.

—2 Corintios 10:3–5

La espada del Espíritu es la Palabra de Dios. Derribamos argumentos y mentiras mediante la verdad de su Palabra. Su Palabra es viva. Es poderosa. Es como el cuchillo de un cirujano para el alma.

> Porque la palabra de Dios es viva y eficaz, y más cortante que toda espada de dos filos; y penetra hasta partir el alma y el espíritu, las coyunturas y los tuétanos, y discierne los pensamientos y las intenciones del corazón.
> —Hebreos 4:12

Usar el discernimiento

Es importante que en el andar cristiano de *hoy en día* seamos discípulos con discernimiento, no solo seguidores de la verdad sino gente que discierne la verdad. La *Palabra* de Dios es discernidora.

Frank Hammond, quien escribió el clásico *Cerdos en la sala*, me contó la historia de un hombre que se levantó en una reunión y la interrumpió con un gran exabrupto. El hermano Frank dijo que se inclinó hacia otro orador que estaba en la plataforma y dijo: "Ese hombre tiene demonios". El hombre que estaba junto a Frank dijo: "Usted debe tener el don del discernimiento". A lo que el hermano Hammond respondió: "Yo no sé lo que yo tengo, pero sí sé lo que tiene él".

Parece que todo el mundo quiere *escuchar* de Dios; todo el mundo quiere una *palabra*. Si usted quiere escuchar de Dios, tiene que escuchar su Palabra. Dios ya ha dicho su Palabra y su Palabra "discierne los pensamientos y las intenciones del corazón" (Hebreos 4:12). En pocas palabras, sus pensamientos, sus *pensamientos de parte de Dios*, deben estar alineados con la Palabra que ya Dios ha dicho. Tenemos que estar de acuerdo con la Palabra de Dios.

Es interesante que Hebreos 4:12 nos dice que la Palabra de Dios invade todo nuestro ser: espíritu, alma y cuerpo. Una clave absoluta para la verdadera libertad es el alineamiento espiritual; es decir, que nuestro espíritu esté de acuerdo con lo que Dios dice en su Palabra, que nuestra alma: mente, voluntad, emociones y personalidad, crean y

Agresión espiritual

hablen lo que dice la Palabra de Dios y que nuestra carne esté en obediencia a la Palabra de Dios.

Hay un versículo interesante de la Escritura que Santiago escribió a los creyentes.

> ¿O pensáis que la Escritura dice en vano: El Espíritu que él ha hecho morar en nosotros nos anhela celosamente?
> —Santiago 4:5

¿Qué? ¿El espíritu que mora en nosotros? "Pero si soy un creyente, solo el Espíritu Santo puede morar en mí." ¿Es eso lo que está pensando? ¿A cuál espíritu cree usted que Santiago se está refiriendo aquí? Lo más probable es que sea nuestro espíritu humano, pero tal vez a los espíritus malignos que moran en nuestra alma y cuerpo. Los espíritus malignos pueden ser expulsados, nuestro espíritu humano puede ser derribado. Debe haber un acuerdo en nuestro ser para que haya sanidad y la completa presencia de Dios.

La Palabra de Dios penetra incluso hasta "las coyunturas y los tuétanos" y la Palabra trae sanidad. Estar de acuerdo con la verdad que Dios ya ha dicho nos permite recibir y aplicar las promesas de la Palabra.

Cada vez que Dios habla, cualquier cosa que él diga se convierte en ley automáticamente. En su sistema legal, la alineación con la verdad produce libertad. Pero lo contrario también se cumple. La rebelión, el negarse a recibir su Palabra como verdad significa creer una mentira, y la mentira de poder a los demonios. Los demonios investidos de poder traen al creyente destrucción, muerte, enfermedad y más engaño. La función de cada demonio es robar, matar y destruir. El problema es que los creyentes no creen. Dicho con más exactitud, nuestra creencia a menudo se entibia por las condiciones. La Palabra de Dios es viva. Es viva y poderosa. ¿Cómo es posible?

> En el principio era el Verbo, y el Verbo era con Dios, y el Verbo era Dios…Y aquel Verbo fue hecho carne, y habitó entre

Mantenga los cerdos fuera de casa

nosotros (y vimos su gloria, gloria como del unigénito del Padre), lleno de gracia y de verdad.

—JUAN 1:1, 14

La Palabra de Dios es *viva* porque Jesús es la Palabra. Es poderosa porque Jesús es la Palabra. *Qué verdad tan increíble.* Cuando usted habla la Palabra, en realidad está hablando su presencia en su vida y en su situación. "Tu palabra es verdad" (Juan 17:17). Los discípulos discernidores deben comparar las *palabras* con la Palabra de Dios. Es la verdad la que libera y su palabra es *verdad*.

Cuando María cargaba al niño Jesús en sus brazos, ¿sabía que cargaba a aquel que tenía a toda la creación en su puño? Tal vez lo supo, pero dudo que pudiera entender que Él estaba *en el principio con Dios y que Él era y es Dios*. ¿Habrá podido saber que mientras lo sostenía en realidad Él la sostenía a ella? ¿Habrá podido saber que Él por su palabra hizo todas las cosas y que cuando Él habla toda la creación obedece?

Creo también que no podemos recibir la magnitud del poder y la autoridad que nos pertenece en su nombre. Creo que es un poquito más que sencillamente decir su nombre, es creer que su nombre está por encima de todo nombre. Es vivir cada día, a cada momento, en esa verdad. Su Palabra es verdad. La verdad de su Palabra, la presencia de su Espíritu Santo y el ejercer su nombre en nuestras vidas nos da poder.

CAPÍTULO 9

LAS ENFERMEDADES MENTALES Y LOS DEMONIOS

Sin lugar a dudas las personas más difíciles con quienes tratamos son aquellas a quienes les han diagnosticado una enfermedad mental. Yo no creo que todas las enfermedades mentales son el resultado de espíritus que atormentan la mente; si eso fuera verdad, entonces podríamos simplemente hacer círculos de oración alrededor de las instituciones para enfermos mentales y atar todos esos espíritus.

Esto es algo difícil por varias razones. De cierto modo estoy familiarizado con el asunto. Mi madre fue diagnosticada como *esquizofrénica paranoica*. Ella intentó suicidarse nueve veces en un período de seis semanas. Era atormentada en su mente. Esto fue antes de que yo supiera acerca de la liberación como sé ahora. Desde su muerte he intentado muchas veces descubrir qué puede haber sucedido en su vida que pudo haber permitido esto. No lo sé. Sus dos hermanas se suicidaron. Si fueron abusadas de niñas, no lo sé; ninguno de mis familiares sabe nada al respecto. Aunque yo sospecho que ese pudo haber sido el problema, no lo sé.

No encuentro nada en su ascendencia que me ayude a solucionar el misterio, pero hubo una fuente. Fue el trabajo de demonios. Mi amigo Frank Hammond estaba convencido en su ministerio de que el *rechazo* es la causa de la paranoia y la esquizofrenia. Yo he tenido muchas experiencias que lo confirman; sin embargo, pudiera haber varias cosas que se unen para producir esto. Las ideas delirantes son el engaño máximo. La paranoia se define como "estado mental que se caracteriza por ideas delirantes de persecución, celos infundados

Mantenga los cerdos fuera de casa

o egotismo exagerado. Es sospecha injustificada y desconfianza de otros". "Egotismo exagerado", veo mucho de esto en el ministerio, lamentablemente, entre ministros.

Para la persona que padece la enfermedad mental la paranoia es real. La persona ve algo y escucha algo. Algo está sucediendo. La cuestión realmente no es si la provocan los demonios o no; más bien es cómo los demonios la provocan. Sin lugar a dudas, muchas personas que padecen esta enfermedad necesitan ayuda médica. A menudo la persona necesita tanto ayuda espiritual como psicológica. A veces la persona necesidad alguna atención médica para estar lista para ser liberada. Prácticamente es diferente en cada caso.

La mentira debe ser denunciada

Cuando se cree una mentira, es muy difícil lidiar con los demonios hasta que no se denuncia la mentira. El problema aquí es que el engaño es tan poderoso que las personas no se dan cuenta de que es una mentira. Están tan ciegas con la mentira que son incapaces de ver la verdad. Están convencidas de que el gobierno les está persiguiendo o de que hay agentes secretos destinados a espiarles y recopilar información en su contra. Están tan convencidas que es muy difícil para ellos confesar que es una mentira. A menudo sospechan de uno porque uno no les cree su historia.

Siempre es igual y nunca es lo mismo. Es que los vecinos tienen un complot en su contra, a veces es que los compañeros de trabajo cuentan historias falsas sobre ellos, que oyen a personas fuera de su casa o en la casa. Puede ser que crean que brujas o hechiceros los han maldecido. El tormento en que están es real. No hay duda de que lo que ellos perciben probablemente sea muy real para ellos. Así que el dilema es cómo llevar libertad a los que padecen de enfermedades mentales.

Le aseguro que va más allá de sencillamente ordenar a los demonios que se vayan en el nombre de Jesús. Si fuera así de sencillo, yo estaría en los hospitales psiquiátricos ahora mismo. He estado allí, he orado por pacientes. He pasado muchas horas en las secciones de psiquiatría de las cárceles. He escuchado a los demonios reaccionar cuando camino por

Las enfermedades mentales y los demonios

los pasillos o llego a las celdas. He escuchado los gritos en los corredores cuando los sonidos de los cultos en la capilla se derraman por la prisión.

Es más que hablar en el nombre de Jesús a una persona que padece una enfermedad mental. Es algo complejo y hasta que no se hayan quitado los derechos legales a esos poderes demoníacos (ya sea por parte de la persona o de los padres), la libertad no llega.

El nombre de Jesús los sacudirá de cualquier manera. Los demonios odian y temen a ese nombre. Algunas personas con enfermedades mentales ni siquiera pueden leer la Biblia por el tormento que se produce. Algunos la leen y solo pueden ver condenación y juicio. Lo que yo sé es que siempre hay una causa, a veces muchas causas. El problema es encontrar la causa y quitar los permisos que los demonios han obtenido.

Una de las cosas que nosotros hemos experimentado en este aspecto es que existe una necesidad común de atención. A veces es la única manera en que la persona sabe cómo ganar simpatía e importancia. Con el transcurso de los años hemos encontrado *muchas* víctimas de Abuso de Rituales Satánicos (ARS). También hemos aprendido que en muchos casos el supuesto abuso nunca sucedió. La persona puede creer que sucedió, pero por lo general es una mentira. Existen algunos ejemplos en los que el abuso realmente ocurrió, pero no en la magnitud que las personas dicen que fue.

Solíamos ver a muchas de estas personas. Teníamos poco éxito y también descubrimos que rara vez había alguna evidencia para confirmar las historias. Eso se volvió demasiado común: no había nombres, ni direcciones, ni reportes policiales, no había manera de verificar nada.

El pastor de una iglesia en una ciudad vecina me llamó una noche. Estaba perturbado. Me dijo: "Don, tal vez puedas ayudarme; no sabemos qué más hacer para tratar con una joven. La trajimos a nuestra casa para tratar de ayudarla. Hemos tratado de echar fuera demonios y simplemente todo sigue igual. No sabemos qué hacer".

Comenzó a contarme la historia de ella y mientras lo hacía yo sabía que lo había escuchado muchas veces. Es la historia del ARS, y no quiero minimizar lo que pudiera ser un problema muy real para

75

algunos. Cuando me contó la historia de ella, yo le dije: "El motivo por el que no puedes ayudarla es porque esto no sucedió".

Hubo silencio en el otro lado del teléfono. Después de un instante él dijo:

—¿Quieres decir que ella está mintiendo? —Parte de la triste historia de ella era que cuando se quedó en un motel que la iglesia le estaba pagando, su padre había roto la puerta y la violó de una manera brutal. —Llévala a la policía, te apuesto a que no querrá ir —le dije yo. Otra vez hubo silencio.

—Tienes razón —dijo él—. Tratamos de llevarla, pero cuando llegamos, ella no quiso entrar.

Por supuesto que hay demonios involucrados, pero los demonios tienen permiso porque ella cree una mentira y la está perpetuando. Yo siempre termino estas historias con lo mismo. Es la verdad la que nos permite ser libres. La mentira da poder a los demonios.

Usted puede evitar esta fortaleza al reconocer el poder de una mentira. Si usted está luchando con confusión emocional y mental o con aflicción, cierre la puerta antes de que una fortaleza pueda establecerse en su vida. Confiese cualquier pecado conocido y deshágase de cualquier mentira en su vida. Si todavía está luchando y no puede encontrar la libertad por la cual usted de corazón está buscando la ayuda de Dios, comprométase a recibir consejería espiritual de su pastor o de un intercesor cristiano de confianza; busque también la pericia de una psicólogo cristiano capacitado para descartar cualquier desequilibrio médico. Tal vez usted necesite ayuda médica.

CAPÍTULO 10

EL MÁS FUERTE DE TODOS LOS ESPÍRITUS

La Escritura enseña claramente que la liberación es parte del contenido de trabajo de Jesús.

> El Espíritu del Señor está sobre mí,
> Por cuanto me ha ungido para dar buenas nuevas a los pobres;
> Me ha enviado a sanar a los quebrantados de corazón;
> A pregonar libertad a los cautivos,
> Y vista a los ciegos;
> A poner en libertad a los oprimidos;
> A predicar el año agradable del Señor.
> —Lucas 4:18-19

"Por cuanto me ha ungido para... Me ha enviado a..." Jesús fue enviado para ser:

- El rompedor del yugo
- El portador de la carga
- El que bendice a los heridos
- El que protege a los desconsolados
- El faro para los ciegos

Esto está incluido en sus tareas ungidas, porque Él vino con el propósito de destruir las obras del maligno.

Satanás despojó a Job. Él avergonzó a Pedro. Azotó a Pablo. Lo abofeteó con un "aguijón en la carne" (2 Corintios 12:7). Pero Jesús también es el dador de la gracia. Es el justo restaurador. Jesús es lo primordial en toda liberación.

¿Por qué el tema de los demonios crea tanta controversia? ¿Alguna vez usted ha pensado mucho en por qué nadie se siente cómodo cuando surge el tema de los *demonios*? ¿Cuál es el problema? ¿Puede usted hablar de eso con sus amigos? ¿Y con su pastor o con los líderes de su iglesia? Ya que Jesús pasó aproximadamente un tercio de su ministerio tratando con demonios y con sanidad, ¿por qué nosotros solo hablamos de los otros dos tercios? ¿Alguna vez ha pensado en esto?

¿Supone usted que Él simplemente estaba hablando en el nivel de comprensión de la gente pobre y poco inteligente de *su época*? Qué suposición tan orgullosa y qué insulto a Jesús. ¿Nos engañaría el Creador de todas las cosas con la creencia de que los demonios solo existieron en el pensamiento de una generación poco inteligente? ¿Será realista pensar que ahora que el hombre se ha vuelto *tan inteligente* sabemos que los demonios realmente no existen? ¿Realmente podemos clasificar todos nuestros problemas por categorías que no sean de causas espirituales? ¿Esto le resulta un poquito extraño? ¿Los espíritus demoníacos simplemente se marcharon? ¿Realmente existieron alguna vez? ¿Qué hace uno con los relatos espirituales acerca de ellos y de Jesús lidiando directamente con ellos? ¿Cómo lo explica? La mayoría decide ignorarlo. ¿Y usted?

Lo que yo sé es que si usted no reconoce esto como una verdad bíblica, no puede lidiar con los espíritus malignos como la fuente de muchos problemas.

Yo personalmente he visto unos treinta mil cristianos librados de la obra demoníaca, creyentes sanados de opresión demoníaca. La obra expiatoria de Jesús incluía: "Sanar a los quebrantados de corazón...dar libertad a los cautivos...vista a los ciegos...poner en libertad a los oprimidos" (Lucas 4:18). Yo he experimentado esto; hay cientos de testimonios.

El Espíritu Santo me ha mostrado que no me corresponde *convencer ni persuadir* a las personas acerca de la realidad de los espíritus demoníacos que oprimen a los creyentes. Más bien debo simplemente presentar la verdad. Así que me siento cómo presentando la verdad y dejándole a Él los resultados.

A menudo me han preguntado si ha habido un espíritu en particular que sea más difícil que otros. La fuerza del espíritu depende de la cantidad de permiso que se le dé. Sin embargo, existe un espíritu que yo he encontrado que es más fuerte que todos los demás.

La persona que no quiere aprender

La persona que no quiere aprender es tal vez la más frustrante. Yo no sé si estará involucrado algún espíritu que no quiere aprender, pero la persona que no acepta la enseñanza es alguien muy difícil de llevar a la liberación. Estas personas no se someten a la verdad y a menudo es porque creen que ya saben la verdad. Han creído una mentira durante tanto tiempo que es prácticamente imposible mostrarles la verdad.

Esta persona vuelve a la mentira. Algunas personas tienen en sus mentes enseñanzas erróneas sobre la liberación y eso en sí mismo se convierte en esclavitud. Es por eso que gastamos tanto esfuerzo en lograr que una persona esté preparada para la liberación. Prácticamente es imposible ministrar al espíritu que no quiere aprender debido a su decisión de permanecer en las tinieblas.

Los espíritus homosexuales a menudo son difíciles porque también existen, por lo general, algunos problemas genéticos junto con hábitos aprendidos. Otros poderes demoníacos de temor, rechazo, ira y orgullo fortalecen a este espíritu. Pero los espíritus homosexuales no son los más difíciles.

Como mencioné antes, los trastornos mentales a menudo presentan una serie de problemas. Los espíritus de estos trastornos, con toda la confusión, el temor y la duda son difíciles. *Sin embargo, el espíritu más duro de todos es el espíritu humano.* Mire, el espíritu humano no está sujeto al nombre de Jesús. Puede resistirse a Jesús o puede ceder a él, lo que sea que decida. Tiene libre albedrío. Cuando el espíritu demoníaco arraiga tanto con el espíritu humano, este se vuelve extremadamente difícil.

Mantenga los cerdos fuera de casa

El espíritu humano debe rendirse para lidiar con los espíritus demoníacos. El espíritu humano debe ser libre de la influencia y la mala dirección del espíritu demoníaco. Cuando el espíritu humano se vuelve demasiado cómodo con una situación como para entregarla a Dios, el espíritu demoníaco se fortalece. Hemos aprendido que es inútil tratar de expulsar demonios en contra de la voluntad de una persona. El espíritu humano somos usted y soy yo.

Es por eso que a la liberación y a la sanidad se les llama "el pan de los hijos" (Mateo 15:26). Así fue como lo llamó Jesús. Es para los creyentes. En este versículo, Jesús le dijo a la mujer gentil que pidió sanidad y liberación para su hija: "No está bien tomar el pan de los hijos, y echarlo a los perrillos". Estaba reservado para los hijos de Israel. Fue cuando ella le adoró y expresó su fe que cualificó. Es para los creyentes.

El espíritu humano debe rendirse. La liberación no es para aquellos que *escogen* vivir en la oscuridad. La decisión de permanecer en el pecado lo descalifica a uno para la libertad. Negarse a denunciar y confesar el pecado es una decisión de obedecer el espíritu humano en rebelión contra Dios.

El espíritu más difícil no es el *príncipe de Persia*, no es el *ángel del abismo* y no es algún espíritu gobernante de alto rango en los lugares celestiales. Es su espíritu humano. Es el único espíritu que yo he encontrado que no tiembla ante el nombre de Jesús. Hasta que la voluntad humana no se rinda y por gracia y mediante la fe nazca de nuevo, se trata de un espíritu muy difícil con el cual tratar.

Las personas que son nacidas de nuevo, llenas del Espíritu y que sienten un gran celo por Dios, todavía tienen una voluntad y espíritu humanos. Todavía pueden desobedecer; pueden, y a menudo lo hacen, ceder a los deseos de la carne. La desobediencia es una puerta de entrada. El orgullo es una entrada, y la lista de pecados continúa; todos son entradas para los espíritus demoníacos a las vidas de los creyentes. El espíritu más difícil con el que usted lidiará es su espíritu humano.

CAPÍTULO 11

DEMONIOS QUE "MERODEAN"

A LOS QUE YO llamo *demonios que merodean* son como el verso de la centenaria canción "Boll Weevil" [Gorgojo del algodón], cantada por Tex Ritter: "Buscaba un hogar, solo buscaba un hogar". Son como flotadores, espíritus demoníacos que buscan un lugar para actuar en este mundo.

Un amigo me contó de una casa en Louisiana donde sucedían cosas raras. Me lo describió y me contó de una niña que vivió allí una vez. Dijo que a veces ella levitaba y que uno podía verlo en las noches a través de las ventanas. El piano sonaba, uno hasta podía ver las teclas moverse, pero no había nadie sentado al piano. Dijo que todo el mundo en el vecindario sabía que allí pasaba algo. Esta casa estaba a unas pocas casas de donde él creció.

Le dije que me gustaría ir al lugar en algún momento. Yo nunca he visto ni sentido nada así. Bueno, un día fuimos. En realidad fuimos a pescar en un lago que no estaba muy lejos de su antiguo vecindario, cerca de Jena, en Louisiana. Le pedí que me llevara a aquella casa. Ahora allí vivía una familia diferente. Un incendio había destruido la casa en la que él creció. Su esposa y su hermana iban con nosotros cuando manejábamos a la casa donde habían ocurrido los "embrujos". Todos comentaron sentimientos que estaban experimentando al acercarnos: carne de gallina, los pelos de punta en la nuca, etc. Yo no sentía nada.

No sé lo que pudo haber pasado en aquella casa, pero los recuerdos que ellos tenían de aquel vecindario reavivaron cierto temor en sus vidas. Estar allí despertó algo, no creo que yo pueda explicarlo.

Mantenga los cerdos fuera de casa

Tal vez había algunos espíritus de los que dan vueltas en el vecindario por sucesos del pasado.

Hace poco recibí el siguiente correo electrónico de un médico de otro lugar del país.

Buenos días, Don:

Hace poco leí su libro *Cuando los cerdos se mudan a casa*. Ha sido un instrumento para abrir un mundo completamente nuevo ante mis ojos espirituales. Una cosa por la que he sentido curiosidad y que no creo que se trate en su libro es la idea de los demonios que reclaman, insisten u ocupan un territorio o un edificio. Hace como un año compré una oficina nueva. Yo siempre tuve la impresión de que algo malo había sucedido allí. Mediante los ojos de otros, con diversos dones espirituales, estoy seguro de que en ese lugar se hicieron abortos. De la misma manera puede haber habido alguna otra cosa en esa tierra anterior al edificio. ¿Ha tenido alguna experiencia con demonios que ocupen un lugar, un terreno, etc.? Hemos dado pasos para liberar a este lugar de tales fuerzas. Hay uno que sigue obstinado, y vamos a lidiar con él este fin de semana, pero me gustaría escuchar su parecer. Que la paz de Dios sea con usted.

El correo electrónico tiene la firma del nombre del médico. Es una buena pregunta y la recibimos a menudo. Gracias a Dios por este médico y su sensibilidad a la Palabra de Dios y la obra de los demonios.

Cancele los derechos de los demonios que merodean

Hay demonios que no son necesariamente espíritus territoriales que *merodean* debido a los derechos legales que se obtuvieron en ese lugar. No creo que esto sea una guerra territorial. Los espíritus caminan por la tierra mirando y buscando. Esto lo apoya la Escritura en 1 Pedro

5:8: "Sed sobrios, y velad; porque vuestro adversario el diablo, como león rugiente, anda alrededor buscando a quien devorar".

El libro de Job registra a Satanás dándole un informe a Dios de que había estado caminando por la tierra de un lado a otro. Mirando, siempre están mirando. Buscan oportunidades para robar, matar y destruir. Los santos ángeles de Dios también están mirando; nos cuidan. Es interesante leer cómo Satanás le describió a Dios su actividad.

Y dijo Jehová a Satanás: ¿De dónde vienes? Respondiendo Satanás a Jehová, dijo: De rodear la tierra y de andar por ella.
—Job 1:7

Una vez que los demonios obtienen un derecho, su tendencia es querer retenerlo. Por ejemplo, yo no sé lo que pueda haber ocurrido en la habitación de cualquier hotel antes de que yo la ocupe. Es probable que muchas cosas que puedan dar derechos a los demonios a merodear. Mi método sencillamente es el siguiente: Yo pagué por la habitación y esa noche es mía. Yo declaro esto cuando entro a la habitación. "No sé quién es dueño de este edificio ni qué ha pasado aquí. Lo que sí sé es que por esta noche esta es mi habitación y declaro que será el cuartel general del Espíritu Santo."

Ningún demonio tiene derecho sobre mí debido a lo que otra persona hizo. Tal vez tengan derecho a estar ahí, pero no tienen acceso legal a mí. Yo le dije esto al médico: "Lo que sea que sucedió en ese lugar antes, ahora está bajo su cobertura en Cristo. Es su edificio y usted tiene el derecho de entregárselo al Señor. Realmente no necesita que otra persona lo haga en su lugar. Dios honrará sus palabras y su derecho sobre la propiedad. Ordene en el nombre de Jesús que cualquier espíritu inmundo que esté ligado debido a los dueños anteriores y sus fechorías, no tiene derechos legales ahí ahora. Haga que sus oficinas sean ahora el cuartel general del Señor Jesús donde ocurre sanidad en el nombre de Jesús".

Cuando usted está en Cristo Jesús, tiene derecho de hacerlo el Señor de cualquier cosa que sea suya. Tal vez se expresa mejor al decir

Mantenga los cerdos fuera de casa

que usted tiene la opción de darle a Él el señorío. Los demonios se vuelven ocupantes hasta que se les quitan sus derechos y se les ordena que se vayan.

Yo no voy por mi casa ungiendo cosas, pero sé lo que hay y lo que no debe estar. Sé cuando algunos demonios merodeadores han obtenido cierto acceso. Es importante que permanezcamos alertas en el sentido espiritual a aquello que pudiera otorgar un derecho legal.

Tengo personas que me piden que vaya y ore por su propiedad. El dueño de la propiedad debe hacerlo. Cuántas veces he escuchado historias sobre *embrujos inusuales*. "Hay algo en mi closet." "Escucho pasos en el pasillo." "Siento como si hubiera algo detrás de mí." "Siempre hay algo observándome." Pudiera haber espíritus demoníacos involucrados, pudiera ser que se ha dado permiso. Usted puede lidiar con eso, es usted quien necesita asumir la autoridad.

¿Y qué de las historias de fantasmas y de los documentales televisivos sobre casas y edificios? Solo puede haber una respuesta: solo pueden ser demonios engañadores. Realmente no son los espíritus de personas muertas, tal vez los demonios que vivieron en una persona ya fallecida, pero no el espíritu del fallecido. Cuando alguien muere, el espíritu de esa persona se separa inmediatamente del cuerpo y ya no mora en la tierra.

Lo que usted puede saber en el fenómeno inexplicable de lo paranormal es que siempre cae en la esfera del engaño demoníaco. Yo nunca he visto a nadie levitar. Nunca he visto objetos moverse ni volar de un lado a otro de la habitación. Mi consejo es que no piense demasiado en estas cosas. Siempre nos va mejor cuando nos concentramos en lo que sabemos que es verdad.

CAPÍTULO 12

SANIDAD DEMORADA

CÓMO HABRÁ SIDO estar en la presencia real de Jesús? ¿Y en las horas y los días posteriores a sus milagros? Es difícil para mí concebir cómo habrá sido en esa zona del extremo noroeste del mar de Galilea. Muchos, tal vez cientos, recibían sanidades milagrosas. Los testimonios y la emoción son difíciles de imaginar. La Biblia no habla mucho de eso, las repercusiones de su presencia, pero me gustaría saber.

> Al bajar ellos de la barca, la gente en seguida reconoció a Jesús. Lo siguieron por toda aquella región y, adonde oían que él estaba, le llevaban en camillas a los que tenían enfermedades. Y dondequiera que iba, en pueblos, ciudades o caseríos, colocaban a los enfermos en las plazas. Le suplicaban que les permitiera tocar siquiera el borde de su manto, y quienes lo tocaban quedaban sanos.
>
> —MARCOS 6:54–56

Las páginas del Nuevo Testamento están llenas de milagros de sanidad y de expulsión de espíritus malignos. ¿Por qué nuestras iglesias guardan silencio al respecto? ¿Por qué no experimentamos estas cosas? En el libro de Lucas estos pasajes nos dan una comprensión del porqué.

> Sin embargo, la fama de Jesús se extendía cada vez más, de modo que acudían a él multitudes para oírlo y para que los sanara de sus enfermedades.
>
> —LUCAS 5:15

Mantenga los cerdos fuera de casa

...Luego bajó con ellos y se detuvo en un llano. Había allí una gran multitud de sus discípulos y mucha gente de toda Judea, de Jerusalén y de la costa de Tiro y Sidón.

—Lucas 6:17

Nuestra responsabilidad está en el campo de la expectación. La gente no solo venía a *escucharlo* sino también a que él los *sanara*. Parece que en la actualidad solo vamos a escucharlo. Yo creo que la responsabilidad de ser expectantes falta en la iglesia. No solo es culpa de los predicadores sino también de los que se congregan que no quieren que sus predicadores prediquen y practiquen la sanidad y la liberación. Los poderes demoníacos están haciendo un buen trabajo para mantener esto fuera de la Iglesia, piénselo. Esto es lo que Jesús hacía y eso es lo que nos dijo que hiciéramos.

Hace poco en una "Noche de ministración" una señora vino al llamado del altar y me dio una nota. No podía escuchar, no podía hablar claramente. Pero ella vino expectante. Eso es lo que hacemos en nuestras noches de ministración, oramos por los enfermos y expulsamos demonios. Cuando oré por ella, cayó suavemente al suelo y se quedó así prácticamente durante todo el tiempo del llamado al altar. Cuando la ayudaron a ponerse en pie, miró asombrada a su alrededor y dijo: "¡Puedo oírle, puedo oírle!". ¡Eso es realmente emocionante! Esa noche muchos fueron sanados, siempre nos sucede.

Un hombre me dijo que fue sanado cuando llegó al estacionamiento. "Yo he tenido esta enfermedad en ni mejilla derecha durante años, pero el dolor se fue cuando llegué al estacionamiento". Eso es increíble.

Cuando miraba a las personas que asistían a la reunión, observé algo común en sus ojos: su expectación y su necesidad. Creo que en la mayoría de las congregaciones la *necesidad* es común, pero la *expectación* no lo es. Alguien necesita elevar el nivel de expectación entre los creyentes. Dios es un Dios de fe, Dios honra la fe.

La expectación no es más que aquello que es. Es sencillamente creer para recibir en base a lo que Dios ha dicho. Existen al menos siete relatos bíblicos de métodos también bíblicos para la sanidad.

Maneras bíblicas para ser sanados

1. Los ancianos de la iglesia pueden ungir con aceite y orar por las personas para que sean sanadas.

¿Está enfermo alguno de ustedes? Haga llamar a los ancianos de la iglesia para que oren por él y lo unjan con aceite en el nombre del Señor. La oración de fe sanará al enfermo y el Señor lo levantará. Y si ha pecado, su pecado se le perdonará. Por eso, confiésense unos a otros sus pecados, y oren unos por otros, para que sean sanados. La oración del justo es poderosa y eficaz.

—Santiago 5:14-16

2. El pueblo de Dios puede imponer las manos en oración y pedir a Dios sanidad, y las personas pueden ser sanadas.

Y estas señales seguirán a los que creen: En mi nombre echarán fuera demonios; hablarán nuevas lenguas; tomarán en las manos serpientes, y si bebieren cosa mortífera, no les hará daño; sobre los enfermos pondrán sus manos, y sanarán.

—Marcos 16:17-18

3. Dios puede darle a alguien el don de sanidad y la autoridad para ministrar sanidad a otros.

A otro, fe por el mismo Espíritu; y a otro, dones de sanidades por el mismo Espíritu.

—1 Corintios 12:9

4. Dios puede otorgar la sanidad en respuesta a la fe de la persona que desea ser sanada.

Pero Jesús, volviéndose y mirándola, dijo: Ten ánimo, hija; tu fe te ha salvado. Y la mujer fue salva desde aquella hora.

—Mateo 9:22

5. Dios puede conceder la sanidad basada en la fe de otros.

Y como no podían acercarse a él a causa de la multitud, descubrieron el techo de donde estaba, y haciendo una abertura, bajaron el lecho en que yacía el paralítico...A ti te digo: Levántate, toma tu lecho, y vete a tu casa.

—Marcos 2:4, 11

El perdón de los pecados está relacionado con la causa de todas las enfermedades y, o las cura o llega a la raíz del problema. La manera de quitar el efecto es quitar la causa. Tal vez existen otras maneras, pero el denominador común siempre es Jesús. Marcos 6:55 dice: "...comenzaron a traer de todas partes enfermos en lechos, a donde oían que estaba". Se enteraron de que Jesús estaba en la zona y como no sabían por cuánto tiempo estaría allí, corrieron a llevarle los enfermos. Cuando se enteraban de que él pasaría por cierto pueblo o ciudad, ponían a los enfermos en las calles. Lo único que querían era simplemente tocar su manto; sabían, por fe, que con eso sería suficiente.

Todo el que lo tocaba quedaba completamente sano. Qué relato tan extraordinario de las Escrituras. Eso no es pedir mucho: "Sólo déjame tocar tus vestiduras", sino que es esperar y recibir mucho. Todo el mundo quiere ser sanado. Su inversión en este milagro de sanidad fue una fe suficiente que hizo el esfuerzo para tocar a Jesús. Ellos iban adonde Jesús estaba, a pesar de que en algunos casos los seres queridos los llevaban cargados. Creían que él podía hacerlo, creían que lo haría y daban el paso. Jesús no desilusionaba a nadie. Tantos cuanto lo tocaban quedaban sanos.

Los demonios no pueden evitar huir en su presencia. La enfermedad y los padecimientos todavía se inclinan ante su nombre. El problema es que a menudo es mucho más complicado que simplemente decir su nombre. Lo que no sabemos sobre la enfermedad y los padecimientos es mayor que lo que sí sabemos. Todo el mundo sería sanado si bastara con solo decir palabras. La verdad es que a menudo es

Sanidad demorada

muy difícil saber lo que necesita deshacerse y si el hacerlo está dentro de los derechos que nos da la Escritura.

Pudiera haber numerosos derechos legales que los demonios tienen en la vida de alguien. Es probable que incluyan una combinación de derechos de varias generaciones y el simple hecho de denunciar esos derechos no necesariamente arreglará a la persona o al problema. Sin dudas es parte de la solución. Hay que hacerlo; la confesión es fácil. Es solo algo que uno hace. Quitar los permisos que los demonios han adquirido es una parte del proceso. Dios no cubrirá nuestro pecado hasta que nosotros se lo revelemos. Mientras lo mantengamos escondido, seguirá expuesto a los demonios que se aferran al derecho legal de pecado no confesado.

6. Dios a menudo sana mediante el tratamiento médico.

Ya no bebas agua, sino usa de un poco de vino por causa de tu estómago y de tus frecuentes enfermedades.
—1 Timoteo 5:23

Y acercándose, vendó sus heridas, echándoles aceite y vino; y poniéndole en su cabalgadura, lo llevó al mesón, y cuidó de él.
—Lucas 10:34

Y dijo Isaías: Tomad masa de higos. Y tomándola, la pusieron sobre la llaga, y sanó.
—2 Reyes 20:7

7. Dios realiza actos soberanos de misericordia para sanar. Él toma la iniciativa. Él hace la obra.

Reconózcalo y déjelo

Y había allí un hombre que hacía treinta y ocho años que estaba enfermo. Cuando Jesús lo vio acostado, y supo que llevaba ya mucho tiempo así, le dijo: ¿Quieres ser sano? Señor, le respondió el enfermo, no tengo quien me meta en el estanque cuando se agita el agua; y entre tanto que yo voy, otro desciende antes que yo. Jesús le dijo: Levántate, toma tu lecho, y anda…Después le halló Jesús en el templo, y le dijo: Mira, has sido sanado; no peques más, para que no te venga alguna cosa peor.

—JUAN 5:5–8, 14

Esta sección de la Escritura confirma que la enfermedad está en el mundo debido al pecado, no necesariamente nuestro pecado, pero siempre está directa o indirectamente relacionada con el pecado no confesado. Jesús sin dudas señaló eso cuando dijo las palabras al hombre sanado: "No peques más, para que no te venga alguna cosa peor". Cambie su estilo de vida. No haga lo que hacía antes o los resultado la próxima vez podrían ser peores.

El libro de los Salmos indica lo mismo. Vea el Salmo 107:17: "Fueron afligidos los insensatos, a causa del camino de su rebelión y a causa de sus maldades". Otra versión dice: "Trastornados por su rebeldía, afligidos por su iniquidad" (NVI).

Ahora, eso no quiere decir que si alguien está enfermo sea porque en su vida hay un pecado no confesado. Jesús lo da a entender, pero la enfermedad también pudiera ser debido a un pecado hereditario con el que no se ha lidiado. Pudiera ser que vivimos en un mundo pecador y hemos estado expuestos a la enfermedad. No siempre podemos saber el porqué. Ese es el caso aquí en el relato del hombre que llevaba treinta y ocho años enfermo. No se utilizó ninguno de los métodos que lleva participación humana; fue un acto soberano de Dios. Sería especular pensar que un pecado de la infancia provocó su enfermedad, pero para mí está claro que el pecado hereditario había provocado su enfermedad. También está claro que este hombre era creyente; momentos después de ser sanado estaba en el templo donde Jesús lo vio y le hizo la advertencia. Tal vez estaba allí para dar gracias por su sanidad.

Sanidad demorada

He visto a personas recibir liberación y sanidad y luego regresar a un estilo de vida que fue lo que inicialmente provocó la enfermedad. Esto es inaceptable para Dios. Esto es abrir una puerta a los demonios, ellos son los torturadores; ellos provocan la enfermedad y los padecimientos. Jesús básicamente le dijo a este hombre que había sido sanado de manera soberana: "Lo que fuera que permitió esto en tu vida antes, no lo hagas otra vez".

Recuerde, inicialmente él le preguntó a este hombre: "¿Quieres ser sano?". Le dio la oportunidad de confesar su necesidad. La confesión siempre precede al recibir de Dios. Confiéselo y enfréntelo. Deje de hacerlo. Esta historia se resumen con tres palabras es *reconózcalo y déjelo*.

La sanidad soberana de Dios todavía funciona hoy

Quiero mencionar otra situación que muestra cómo la soberanía de Dios sana hoy. Hace varios años, yo era invitado a menudo a predicar cada vez que nuestro pastor no estaba o sencillamente cuando él quería que yo lo suplantara. Me alegraba hacerlo. Había una miembro de la congregación que se llamaba Donna, quien sufría de dolores de cabeza y desmayos. Ella había visto a cinco neurólogos y a dos neurocirujanos. La conclusión fue que tenía un tumor cerebral, un adenoma de la pituitaria. Todos llegaron a la conclusión de que tenían que quitarlo mediante cirugía.

Varias personas habían estado orando por Donna. Le habían programado la cirugía para el jueves posterior al domingo que yo debía predicar. Toda la semana estudié preparándome para el mensaje y ella estaba constantemente en mi corazón. Yo seguía "escuchando" al Espíritu Santo decirme que le impusiera las manos y que orara por ella en el servicio. Yo me resistía porque nunca había visto que eso se hiciera en esta iglesia. No sabía cómo lo recibirían. Pero sabía que Dios me había hablado, así que lo único que importaba era obedecerle. Prediqué y al final del mensaje el director musical se puso de pie para dirigir a la congregación en una canción de invitación.

91

—No —le dije—. No quiero música ahora. Voy a hacer lo que el Espíritu Santo me está incitando a hacer. No sé lo que van a pensar de esto, pero voy a hacerlo de todas maneras. Voy a pedirles a Donna y a Mike [que estaban sentados en la fila de atrás] que pasen adelante y voy a orar por la sanidad de ella. —Prácticamente todos en la iglesia sabían de su enfermedad—. Voy a imponerle las manos y pedirle al Señor que la sane, y quiero que todo el que crea que Dios sigue sanando gente, que venga y se reúnan a su alrededor para que también oren.

—Vino toda la congregación, no hubo vacilación—.

Mi esposa y yo nos fuimos después del servicio para manejar hasta Tennessee y visitar a nuestro hijo y nuera, quienes vivían en Nashville. Donna fue a ver a su neurocirujano al otro día para hacerse una imagen por resonancia magnética (MRI), y luego tener la cirugía el jueves. Ese día, para ir a ver a su médico, se puso una camiseta que tenía escritas las palabras en el frente: "Mi Dios es un Dios maravilloso". Donna contó que después de hacerle el examen, ella y su esposo Mike esperaron para ver los resultados. Dijo que se demoraron de manera inusual y ella se preguntaba qué los demoraba tanto. Por fin el médico apareció y Donna contó que tenía una mirada perpleja en el rostro.

—Cometimos un error —dijo el médico—. Usted no tiene ningún tumor cerebral. Ahí no hay nada.

Donna había creído todo el tiempo que sería sanada y se lo había dicho a su médico escéptico. Después de que el médico siguiera intentando explicar cómo siete médicos podían estar equivocados, Donna le dijo:

—Doctor, el error que usted ha cometido es no darle la gloria a Dios por mi sanidad.

Ahora ella tenía las imágenes de su MRI para mostrar un tumor cerebral antes de la oración y las imágenes que mostraban que *no* había tumor después de la oración. ¡Nuestro Dios es un Dios maravilloso!

Usted puede confiar en nuestro maravilloso Dios para su sanidad o la de un ser querido. Decida ahora creer con fe que el no demorará su sanidad.

CAPÍTULO 13

MANTENGA ESTAS PUERTAS CERRADAS

MALDICIÓN SIN CAUSA, cómo desearían los demonios poder atormentar a los creyentes sin derechos legales. Cómo quisieran tener más que el poder de una mentira. Todos estaríamos enfermos o muertos si fuera así. Si los demonios pudieran hacer cualquier daño cada vez que quisieran, tendríamos un enorme problema. Sin embargo, están limitados por la verdad de la Palabra de Dios y los principios que el propio Dios establece. Vea la verdad bíblica que está escondida en Proverbios 26:2.

> Como el gorrión en su vagar,
> y como la golondrina en su vuelo,
> Así la maldición nunca vendrá sin causa.

No habrá maldición sin causa. Es decir, las maldiciones no pasan simplemente porque los demonios lo quieran, tiene que haber una causa legítima: si no hay consentimiento, no hay maldición.

Identificar la causa

Más importante que reconocer la *maldición* es descubrir la *causa*. Yo creo que si usted puede recibir esta verdad, esta le ayudará grandemente en su caminar espiritual. Los demonios deben tener derechos legales, derechos que reconozca Jehová Dios, para ganar acceso a los creyentes. A continuación algunas causas obvias que pueden traernos una maldición y así abrir la puerta a fortalezas demoníacas en su vida.

Ascendencia

> Porque yo soy Jehová tu Dios, fuerte, celoso, que visito la maldad de los padres sobre los hijos hasta la tercera y cuarta generación de los que me aborrecen.
>
> —Éxodo 20:5

La iniquidad de los ancestros pudiera ser la causa de una maldición. Nuestra función es denunciarla, separarnos de los pecados generacionales que pudieran haber traído demonios a la familia.

Mentir

Si usted dice una mentira, pudiera obtener un demonio. Si usted vive una mentira, pudiera tener un demonio. Lo que usted intente cubrir, Dios lo sacará a la luz. Lo que usted saque a la luz y confiese a Dios, Él lo cubrirá. Creer una mentira *es* el poder del demonio. La victoria de un creyente depende de la verdad. Las mentiras, decirlas, vivirlas, son una causa de la maldición.

La falta de perdón

> Entonces su señor, enojado, le entregó a los verdugos, hasta que pagase todo lo que le debía. Así también mi Padre celestial hará con vosotros si no perdonáis de todo corazón cada uno a su hermano sus ofensas.
>
> —Mateo 18:34-35

La falta de perdón. Sería útil investigar todo lo que dice el Nuevo Testamento sobre este pecado. Algunas veces implica algo más que simplemente confesarlo. A menudo es probable que los demonios que vinieron mediante el pecado se hayan construido un reino y deben ser expulsados. Negarse a perdonar es causa para una maldición.

Por supuesto, esto incluye perdonarse a sí mismo. Muchas veces he tenido candidatos a la liberación que insisten en que no tienen falta de perdón hacia nadie, en realidad es hacia ninguna otra persona. A menudo tienen resentimientos contra sí mismos.

La ira, la amargura, el odio y otros pecados relacionados

> Airaos, pero no pequéis; no se ponga el sol sobre vuestro enojo...Y no contristéis al Espíritu Santo de Dios, con el cual fuisteis sellados para el día de la redención. Quítense de vosotros toda amargura, enojo, ira, gritería y maledicencia, y toda malicia.
>
> —EFESIOS 4:26, 30–31

Prácticamente todos los pecados de esta categoría son fáciles de justificar. Ya que ofrecemos excusas por albergar estos pecados, parece estar bien seguir con ellos. "Bueno, usted estaría muy herido si le hubiera pasado lo que nos pasó a nosotros." Todas estas son causas para la maldición.

Rechazo, percepción, abatimiento

Estas son causas muy arraigadas para la maldición. El rechazo es horrible. Ya sea que sea real o aparente, aún así es uno de los sentimientos más intensos de la vida.

> Despreciado y desechado entre los hombres, varón de dolores, experimentado en quebranto; y como que escondimos de él el rostro, fue menospreciado, y no lo estimamos.
>
> —ISAÍAS 53:3

Jesús sin lugar a dudas comprende el rechazo. Él se identifica con todos nuestros sentimientos. Fue tentado en todo al igual que nosotros, pero sin pecado. Yo creo que el problema del rechazo es la causa de muchos de los trastornos en la actualidad. Experimentar el dolor; ser rechazado, saberlo y sentirlo; tener sentimientos de baja autoestima o ninguna autoestima; no sentirse aceptado; tener la fuerte impresión de que uno no está a la altura de lo que otros esperan...todas estas pueden estar entre las emociones más dolorosas. No son solo sentimientos insoportablemente dolorosos sino que cuando se basan en una percepción, son motivo para una maldición. En muchos de estos casos, la causa se convierte en la maldición. Todas estas mentiras deben ser enfrentadas con la verdad.

No estoy mencionando *todas* las causas para la maldición, solo algunas de las más comunes que yo encuentro. *Causa* es los derechos legales que tienen los demonios para atormentar a los creyentes. Todas y cualquiera de las causas *se pueden* eliminar mediante el arrepentimiento, la confesión, la renunciación y la denunciación. Recibir y aplicar la obra de la cruz, y estar de acuerdo con lo que Dios dice en su Palabra, trae libertad.

A continuación algunas de las causas más comunes que se encuentran.

Trauma

Todo el mundo tiene algún trauma en algún momento de su vida. La manera en que tratamos con los traumas por lo general determina si los demonios obtienen acceso o no. La desilusión es una gran puerta para los demonios. Recuerde que la Palabra nos dice que resistamos, no que luchemos. Siempre podemos apoyarnos en la verdad, siempre podemos escoger nuestros pensamientos.

Temores irracionales

Los temores son entradas obvias para los demonios del temor. A veces hay evidencias de que los demonios ya están. Es tan fácil agrandar lo malo; concentrarnos en los *y que si* de ciertas situaciones es una exasperación inútil de algo que prácticamente no existe. Yo veo que la gente que siente temor de volar tiene un problema extremo con el enfoque. Mientras más se enfocan en el *y que si,* y mientras más piensan y hablan de ellos, más real se vuelve el temor para ellos.

Lo que usted puede saber siempre sobre el temor es que es un *espíritu* y Dios no se lo dio a usted. Usted puede saberlo siempre. Así que el temor irracional es un indicio de un demonio que ya está presente. Para impedir darle fuerza a un demonio que ya está presente, o quizá abrir la puerta a uno nuevo, hay que resistir las mentiras con la verdad y apoyarse en esa verdad. Dicho de manera sencilla, la verdad es que volar es seguro.

Supe de una señora que viajaba a Seattle para visitar a su hija. Estaba leyendo un libro tranquilamente. De repente hubo un gran ruido y el avión se estremeció violentamente. En un instante el avión se estabilizó de alguna manera, pero el piloto habló a los pasajeros y les dijo: "Tenemos un problema, pero parece que vamos a llegar sin problemas". La señora siguió leyendo su libro. Sin embargo, la pasajera que estaba a su lado estaba a punto de sufrir un ataque de nervios. Le preguntó:

—¿Cómo puede estar tan tranquila? Puede que nos estrellemos y usted sigue ahí leyendo un libro.

La señora sonrió y contestó:

—Bueno, tengo una hija en el cielo y la otra en Seattle, y hoy voy a ver a una de las dos.

Otras cosas que abren puertas

Hay tantas cosas que experimentamos que pudieran abrir una puerta a los demonios. Por lo general se basa en cómo reaccionemos ante la experiencia. El *abatimiento* y la *desilusión* son parientes de la *depresión*.

La *traición* también puede estar presente, con todas las preguntas de: "¿Por qué yo?" y "¿Cómo pudo suceder esto?". Jesús también comprende estos sentimientos. Las heridas emocionales así como las físicas estaban incluidas en el precio que él pagó.

El *abandono* es definitivamente una posible entrada para los demonios. Estos traumas tienen que cubrirse con la sangre de Jesús y eso, a menudo, muy a menudo, incluye el perdonar. El *abuso infantil,* ya sea el abusador o el abusado, es causa para una maldición.

La *impureza sexual,* realmente no hay necesidad de comentar sobre este tema. Usted sabe si corresponde y sabe lo que necesita hacerse. Reconózcalo y déjelo. Pare de hacerlo. Confiéselo y trate con el problema. Nómbrelo y elimínelo. La adicción sexual es un demonio. La impureza sexual abre la puerta. A menudo esto tiene sus raíces en los ancestros o quizá algún abuso temprano en la infancia. Recibir

Mantenga los cerdos fuera de casa

o provocar abuso sexual, perversiones, relaciones sexuales fuera del matrimonio, la pornografía y los embarazos fuera del matrimonio, todos son causas para maldiciones.

Sin mucho comentario, hay algunos otros.

Deshonrar su cuerpo: el alcohol, las drogas, la nicotina, las perforaciones en el cuerpo, los tatuajes, las cirugías por vanidad, todos y cualquiera de estos pueden ser causa para una maldición.

Organizaciones ocultas/secretas: promesas, juramentos, votos y ceremonias; la masonería, la orden Estrella del Oriente, Rainbow Girls, Oddfellows, Rebecca Lodge, entre otras, junto con muchas fraternidades y hermandades. Cualquier organización que ofrezca un camino a Dios sin salvación mediante Jesucristo es causa para una maldición.

La *duda* es una opción. *Incredulidad* es lo que la gente decide hacer. Sin lugar a dudas no solo abre puertas a los demonios sino que también da poder a los que ya están presentes. El *orgullo* por lo general es el puntal que sustenta a la duda y la incredulidad. He descubierto que esto no solo es cierto en las Escrituras sino que también he visto que a menudo el mismo tipo de poder demoníaco dirige estos reinos. Es por lo general un leviatán en su naturaleza creativa. Es probable que esto signifique poco para usted, pero todos los demonios tienen una naturaleza creativa. Leviatán no es el nombre de un demonio sino más bien un tipo. Puede leer sobre el mismo en Job y en los Salmos. Encontramos que todos los demonios tienen una identidad creativa, como una serpiente o un escorpión, como señaló Jesús en Lucas 10:18–19. De igual manera escucho a personas decir: "Oh, tiene el espíritu de pitón". Pitón no es el nombre de un espíritu. Es otro tipo de espíritu, es un espíritu serpiente. La duda, la incredulidad, el escepticismo y el orgullo son todos causas para la maldición.

La causa para la maldición es sencillamente permiso legal que los demonios han obtenido ya sea mediante las decisiones tomadas por nuestros ancestros o por las experiencias de nuestra propia vida. Recuerde, no hay maldiciones sin causa. Aunque nuestras vidas pudieran estar afectadas indirectamente por los demonios que atormentan a otras personas, nosotros mantenemos la seguridad de lo que entra y sale directamente en nuestras vidas. Permanecemos en control al confesar las puertas de entrada y expulsar a los espíritus demoníacos. No hay causa que no pueda ser cancelada a través de Cristo.

Eliminar la causa

Brevemente hemos tratado las maldiciones sin causa. La Palabra de Dios dice que no existen. Entonces, si una persona tiene espíritus demoníacos, la clave es eliminar la causa. A continuación un procedimiento sencillo, paso a paso, que siempre funciona. Es una manera sencilla de examinar y proceder.

- *Causa:* ¿Qué suceso(s) dio permiso legal para que los demonios atormenten?
- *Maldición:* ¿Cuál es el resultado de esa causa? Todos los demonios matan, roban y destruyen. ¿Qué le están robando? ¿Qué está dañado? y ¿Qué se está muriendo?
- *Consecuencia:* Esto está ligado a la maldición; la maldición está ligada a la causa. Usted no puede eliminar la maldición hasta que haya lidiado con la causa.
- *Decisión:* Dios siempre respeta nuestras decisiones. Escoger aferrarnos a una causa legítima para la maldición expande las consecuencias. Pocas veces he visto a un demonio salir sin ser expulsado.
- *Confesar:* Hasta que no hay confesión de pecado y acuerdo y alineamiento con la verdad los demonios no tienen que marcharse. La confesión cancela el permiso.
- *Confrontar/expulsar:* Los demonios tienen que ser expulsados, no se les puede aconsejar ni sacar con medicamentos. Jesús dijo: "Echad fuera demonios".
- *Curar:* Una vez que los espíritus demoníacos han sido eliminados, a menudo se produce la sanidad física y las heridas emocionales comienzan a sanar. Ese es el proceso de Dios y siempre funciona.

A veces parece demasiado simple. Pero le digo algo: es así de simple.

CAPÍTULO 14

ALGUNOS RECUERDOS DEL HIJO DE SAM

Hace unos años llevé unos amigos a visitar a David Berkowitz, también conocido como el *Hijo de Sam*. David está cumpliendo una condena de 365 años en la penitenciaría Sullivan en Fallsburg, Nueva York. Tal vez usted conozca su testimonio de salvación. Existe tanta información sobre sus delitos y su encarcelamiento que es muy difícil de resumir. Sin lugar a dudas él fue un joven poseído por demonios. Era parte de una secta satánica que se llamaba *la hermandad*. Los asesinatos fueron orquestados. Su grupo tenía planes de *poner a Nueva York de rodillas*.

He escuchado las historias de primera mano a través del propio David. Al final de este capítulo voy a incluir su breve testimonio. Él me contó de las reuniones del grupo satánico, dónde se reunían y parte de la naturaleza depravada y ocultista de las reuniones. Se reunieron en lugares distintos a lo largo de los meses, entre ellos el parque Van Cortlandt en el Bronx y uno de los favoritos, el parque Untermyer en Yonkers.

David me contó sobre los lugares y yo los he visitado varias veces para comprender un poco de lo que estaba sucediendo. En el parque de Yonkers hay mil escalones que descienden hasta un viejo edificio que en un tiempo fue la casa del encargado del mantenimiento de la propiedad. El parque da a la orilla este del río Hudson. En la casa abandonada hecha de piedras blancas, todavía se pueden ver los grafitis hechos con *spray*.

Es probable que *SOS*, un símbolo de Hijo de Sam (por sus siglas en inglés), haya sido escrito por el propio David y se encuentra en diversos lugares del parque. La casa abandonada, si todavía está allí, fue un lugar de mucha maldad y donde se invocaban a los demonios.

Mantenga los cerdos fuera de casa

Cuando uno deja atrás los árboles, luego de escalar una colina que literalmente deja sin aliento y llega hasta el área principal del parque, es imposible no observar lo que parece una formación rocosa un poco rara. Todavía hay mucha atracción por los adoradores del diablo. Hay una estructura grande que tiene más de cuarenta pies (doce metros) de altura en el lado oriental. Era *El nido del águila* y fue construida hace unos ochenta años como una especie de fuente en cascada. Hay una glorieta en la cima desde la que pueden verse el río Hudson y los acantilados de New Jersey. Al bajar las escaleras de esta glorieta el grupo creó un altar satánico que era el que utilizaban.

El parque fue en un tiempo propiedad del multimillonario Samuel Untermyer. Él trajo enormes piedras de Gran Bretaña para incorporarlas a la fuente que construyó para la boda de su hija. Hay motivos para creer que el acaudalado abogado tenía interés en creencias espirituales misteriosas. Al frente de una calle al norte del parque se encuentra el Hospital St. John. En el extremo sur del parque, y en un nivel inferior, una vez estuvo ubicada una estructura donde había equipos de bombeo. Al principio de la década de los noventa fue derriba por razones que nunca se hicieron públicas y en la actualidad no quedan huellas de sus cimientos. Se rumora que exempleados del cercano Hospital St. John dicen que todavía recuerdan noches en las que se veían antorchas y se escuchaban cantos monótonos en las profundidades del bosque, especialmente en la zona donde estaba la ya demolida estructura para el bombeo o "cueva del diablo".

Durante las navidades de 1976 se encontraron perros alsacianos muertos (también llamados pastores alemanes), con sus orejas cuidadosamente extirpadas, en el acueducto que está justo al sur del parque Untermyer. David me contó que la sangre que se puso en el altar como un sacrificio. Él dice que escogieron a los pastores alemanes debido a su fuerza. Bastante macabro, ¿no? Llevé a mis amigos a este parque después de visitar a David en la prisión. Ellos sentían curiosidad.

Mientras caminábamos por la zona donde se hicieron los sacrificios, el llamado *altar satánico*, ambos amigos expresaron una sensación de intranquilidad. Yo me paré encima del altar y les dije a ambos:

—No hay necesidad de temer.

—Me voy. Voy a regresar a la cima de la colina —dijo uno de ellos. Cuando me acerqué a mi otro amigo vi que le estaba saliendo un sarpullido rojo en el cuello y en los brazos. Oré por él y se fueron inmediatamente. ¿Estaban allí los demonios? Claro que sí. ¿Tenían permiso para estar allí? Sí. Le cuento esto a manera de información. Yo no fui a ese lugar para luchar con los demonios y ellos no lo hicieron conmigo. Creo que entender nuestros derechos y los de ellos es algo grande. En realidad no es tan difícil.

En 1976 y en 1977 la ciudad de Nueva York estaba aterrorizada por una serie de asesinatos satánicos. Toda la nación estaba absorta ante aquellos extraños crímenes de naturaleza ocultista que se atribuían al Hijo de Sam. Con el tiempo David Berkowitz, de 24 años, fue arrestado por esta histórica cadena de crímenes. Había muchas evidencias que revelaban que David estaba sumido en el satanismo y que participaba en rituales en los que los miembros de una secta satánica ayudaban a cometer dichos crímenes. David Berkowitz y otros miembros de la secta invocaban a los demonios para que vinieran a ellos y les dieran el poder para matar. El testimonio de David Berkowitz es el relato de la gracia más que asombrosa de Dios. Llega al mundo oscuro y depravado de David Berkowitz, lo libera de su tormento, le ofrece perdón, vida eterna y lo trae a la maravillosa familia de Dios.

Samhain es el antiguo nombre druida de uno de los demonios de más alto rango. Este demonio exigía sacrificios humanos, especialmente en ciertas épocas del año como Halloween (fiesta de las brujas). De aquí provino el mote *Hijo de Sam*. David, engañado, creía que era un soldado de este demonio.

Te alabaré, oh Jehová, con todo mi corazón;
Contaré todas tus maravillas.
Me alegraré y me regocijaré en ti;
Cantaré a tu nombre, oh Altísimo.

—SALMO 9:1–2

Así que, si el Hijo os libertare, seréis verdaderamente libres.

—JUAN 8:36

Mantenga los cerdos fuera de casa

El testimonio de David

Como dice el salmista en uno de los pasajes anteriores, yo agradezco sinceramente a mi maravilloso Dios por su amor, gracia y misericordia abundantes. Desde mi niñez fui atormentado y fui víctima de los demonios. Durante toda mi niñez, y durante gran parte de mi vida adulta, demonios crueles me controlaban. Pero gracias a Jesucristo mi mente pudo ser restaurada. Hubo una época en mi vida cuando yo vivía en total rebelión hacia Dios. Era tan malvado que de hecho adoraba al diablo y estuve involucrado en el satanismo.

Al recordar todo lo que me sucedió, no es de sorprenderse que cayera en tal depravación. Permítame contarle algo de cómo era mi vida cuando era solo un niño. Cuando pequeño a menudo tenía rabietas y me arrastraba por el suelo y tumbaba los muebles. Mi madre (que hace ya mucho tiempo falleció) no tenía control ninguno sobre mí. Yo era tan malicioso y destructivo que a menudo provocaba considerables daños materiales.

Cuando estaba en la escuela pública era tan violento y problemático que una vez un maestro me agarró, me hizo una llave de cabeza y me expulsó de su aula. Yo causaba tantos problemas que los directores de la escuela le ordenaron a mis padres que me llevaran a un psicólogo infantil todas las semanas. Pero esto no ayudó en nada. Cuando era joven me deprimía tanto que solía esconderme bajo mi cama durante horas. En otras ocasiones me encerraba en un clóset y me quedaba sentado en una oscuridad total desde la mañana hasta la tarde. Yo anhelaba la oscuridad y sentía una urgencia de huir de la gente.

Otras veces me despertaba en medio de la noche, me escapaba de la casa y vagaba por las calles. Recuerdo una fuerza que me empujaba a las calles oscuras, incluso bajo un tiempo inclemente, y yo deambulaba como un gato callejero en la oscuridad. A veces a las tres o las cuatro de la mañana regresaba a la casa por donde mismo me había ido, por la salida de incendios. Mis padres ni se enteraban de que yo me había ido.

Preocupaba y asustaba a mis padres constantemente porque me comportaba de una manera tan extraña. A veces me pasaba un día completo sin hablarles. Caminaba por nuestro apartamento hablando solo. Mis padres sabían que yo vivía en un mundo imaginario, pero no podían hacer nada al respecto. De vez en cuanto veía cómo se desplomaban y lloraban porque veían que yo era una persona tan atormentada. Las ideas de suicidio invadían mi mente de continuo. Estaba tan deprimido y obsesionado que también pasaba tiempo sentado en el alféizar de la ventana de mi habitación con las piernas colgando hacia afuera. Mis padres me gritaban para que entrara, pero rara vez los escuchaba. Sentía tal urgencia de tirarme de la ventana que mi cuerpo temblaba violentamente. Y vivíamos en el sexto piso.

Mi mamá y mi papá trataron de criarme de la mejor manera que pudieron. Me amaban y me dieron todo lo que los buenos padres darían a su único hijo. Pero yo era tan indómito, estaba tan confundido y tan loco que apenas podía asirme a mi cordura. Incluso cuando caminaba por las calles siempre parecía haber una fuerza que trataba de hacerme lanzar frente a los autos en movimiento.

Me sentía abrumado por ideas sobre la muerte y ni siquiera era un adolescente. No tenía idea de qué hacer ni mis padres tampoco. Trataron de criarme en la fe judía, pero no sabían nada acerca de Jesús, el Mesías de Isaías 53.

Muchas de las cosas que me sucedieron pudieran horrorizar a algunas personas. Pero nada de esto era una sorpresa para el Señor. En sus tiempos, cuando nuestro Salvador caminó entre la humanidad, eran comunes los casos de niños que eran víctimas de los demonios o poseídos por estos. (Ver Marcos 7:24–30; 9:17–29.) De hecho, los casos de posesión durante la niñez siguen sucediendo en la actualidad, pero la psicología moderna tiende a desechar a estos niños perturbados y le echa la culpa de sus problemas a algún tipo de daño cerebral orgánico, a problemas familiares o algo en el medioambiente del niño, etc.

Hubo algunas ocasiones en mi vida en las que experimenté cierto equilibrio. Me las arreglé para terminar la secundaria a pesar de que la mayor parte del tiempo yo era un haragán o me metía en problemas. También pasé tres años en el ejército. Me dieron de baja honrosamente en 1974. Pero hasta en el servicio tuve problemas.

Mantenga los cerdos fuera de casa

En 1975 me había involucrado mucho en el ocultismo y la brujería. Al recordarlo no puedo ni siquiera explicar cómo me involucré en eso. Parece que un día como por arte de magia todo cayó en su sitio. Aparecían por todas partes libros sobre brujería. Dondequiera que miraba aparecía un símbolo que me apuntaba a Satanás. Sentía como si una fuerza poderosa me estuviera llamando.

No tenía paz mental. Sentía como si una fuerza poderosa me estuviera arrastrando. No tenía idea de cómo luchar contra ella y, para ser honesto, tampoco lo intenté. ¿Por qué? Porque las cosas parecían aclararse de una manera sobrenatural. Para alguien que nunca ha estado involucrado en el ocultismo, esto pudiera ser difícil de entender, pero para la gente que sí lo ha estado, saben muy bien a lo que me estoy refiriendo. No se podía ofrecer resistencia al poder que me dirigía, al menos no sin Jesús. Pero yo no tenía relación con el Señor Jesús en aquella época, así es que no tenía defensa contra el maligno.

Jesús dijo sobre Satanás: "Desde el principio éste [el diablo] ha sido un asesino, y no se mantiene en la verdad, porque no hay verdad en él. Cuando miente, expresa su propia naturaleza, porque es un mentiroso. ¡Es el padre de la mentira!" (Juan 8:44, NVI).

Bueno, sin dudas me mintió porque durante los años 1976 y 1977 fui engañado. Y como resultado de escucharle, acabé en la prisión con una sentencia de más de 350 años consecutivos. Fui acusado de seis asesinatos y una serie de tiroteos y delitos. [David fue culpable de tres de los trece tiroteos.]

Cuando entré al sistema penitenciario me pusieron en una celda aislada durante un tiempo. Entonces me enviaron para el Centro de Psiquiatría Mercy. Más adelante fui para las prisiones de Attica y Clinton, y finalmente acabé donde estoy ahora en la Penitenciaría Sullivan. Como sucede en el caso de muchos reclusos, la vida en la prisión ha sido una gran lucha. Tuve mis problemas y riñas. En una ocasión casi pierdo la vida cuando otro recluso me cortó la garganta. Sin embargo, a través de todo esto, Dios tenía sus manos amorosas sobre mí. Con el paso de los años he conocido a varios hombres que han aceptado a Cristo. Muchos trataron de testificarme, pero debido al grado de atadura en que el diablo me tenía, era muy difícil para mí comprender realmente el evangelio. No obstante, en 1987 acepté a Jesús como mi Señor y Salvador. Y hoy no hay manera en que pueda agradecerle lo suficiente por todo lo que ha hecho por mí.

En la actualidad el Señor me está usando para impartir estudios bíblicos en la capilla y para dar palabra de ánimo durante nuestros servicios. Además, tengo autorización para trabajar con los hombres que el Ministerio de Servicios Penitenciarios ha denominado como *enfermos mentales* y *con problemas de aprendizaje*. He podido aconsejar a estas personas atribuladas y ayudarlas con algunas de sus necesidades físicas y espirituales.

CAPÍTULO 15

MANTÉNGASE DENTRO DE SU AUTORIDAD

Uno de mis mejores amigos es Jay McCarley. Conocí a Jay en Colorado Springs, Colorado, hace unos años. Él y su hermosa familia ahora viven en la zona de Dallas-Fort Worth. Jay tiene un don en el campo de la palabra de conocimiento. Él también ha aprendido ha mantenerse dentro de su autoridad espiritual y no aventurarse al reino celestial de la guerra con los poderes demoníacos. Permanecer dentro de la autoridad que Dios le ha dado es una de las lecciones importantes que debe aprender si quiere evitar la intrusión y las fortalezas demoníacas.

Algunos creen que si conocemos los sucesos que tuvieron lugar en un momento y sitio determinados que dieron permiso legal a los demonios para que se apoderaran de esa región, simplemente podemos pronunciar el nombre de Jesús y por tanto romper el permiso legal y hacer que los demonios huyan. Armado con conocimiento usted entonces puede denunciarlo o arrepentirse en lugar de otra persona y cancelar los derechos de los demonios. En este capítulo quiero ayudarle a comprender la autoridad espiritual que Dios le ha dado como persona y la posición espiritual en la que Dios le ha colocado. La Biblia nos da principios para la guerra espiritual y si permanecemos dentro de los límites de la autoridad de Dios no abriremos las puertas a las fortalezas demoníacas.

Permítame ilustrarlo con un ejemplo de Jay McCarley. Cuando era un joven ministro Jay aceptó el llamado de una iglesia en Youngstown, Ohio. Él y su familia estaban tratando de cumplir con el llamado de Dios en sus vidas. Con celo espiritual Jay estaba siguiendo lo que le habían enseñado y estaba decidido a parar en seco a los demonios territoriales. Él recuerda que una intersección en particular de la ciudad de Youngstown tenía una cantidad inusual de accidentes automovilísticos graves. Él pasaba todos los días por esa intersección en el camino de ida y regreso de su iglesia. Dijo que un día, mientras cruzaba la intersección, decidió ordenar a los demonios que detuvieran su actividad de violencia allí. Cuenta este incidente con cierto sobrecogimiento en su voz. Él dijo: "Comencé a atar a los demonios que provocaban los accidentes y creaban las acciones que producían tanto daño y herían a las personas. Estaba dando órdenes de derecha a izquierda. De repente sentí una presencia tan fuerte que tuve que detener mi auto, comenzaba a sentirme nauseabundo. Escuché al Espíritu Santo hablar a mi mente: 'Te voy a proteger esta vez, pero nunca más vuelvas a hacer eso'".

Él temblaba con la experiencia. No estaba seguro de qué se trataba. Mientras oraba él cuenta que por ignorancia se había salido de su marco espiritual de autoridad. Al continuar aprendiendo de esta experiencia descubrió que en esa misma intersección había un historial de violencia. Trabajadores sindicados y no sindicados se habían enfrentado en diversas ocasiones. También en otras situaciones se cometieron asesinatos. Aprendió que determinados demonios habían obtenido derechos debido a lo que había sucedido en el pasado.

Jay cuenta: "Aprendí que nunca debía entrar en guerra con los poderes demoníacos de los cielos. Yo oro para tener la protección y la intervención de Dios en las situaciones, pero no persigo a los espíritus territoriales...jamás".

En Apocalipsis 13 se menciona dos veces una guerra que involucra a los poderes demoníacos y a los santos. Esto obviamente es durante la Gran Tribulación, pero observe lo que ya hay en el reino celestial.

> Y adoraron al dragón que había dado autoridad a la bestia, y adoraron a la bestia, diciendo: ¿Quién como la bestia, y quién podrá luchar contra ella? También se le dio boca que hablaba grandes cosas y blasfemias; y se le dio autoridad para actuar cuarenta y dos meses. Y abrió su boca en blasfemias contra Dios, para blasfemar de su nombre, de su tabernáculo, y de

Manténgase dentro de su autoridad

los que moran en el cielo. Y se le permitió hacer guerra contra los santos, y vencerlos. También se le dio autoridad sobre toda tribu, pueblo, lengua y nación.

—APOCALIPSIS 13:4–7

¿Qué ser humano es capaz de hacer guerra contra las criaturas celestiales? No digo esto para hacerle sentir temor sino más bien para que usted sea sabio en el sentido espiritual. Esa es nuestra preparación: resistir a las artimañas del diablo, no perseguirlo y comenzar una pelea. Jesús es nuestra cobertura. Él no nos dejó con un grito de batalla contra los principados sino más bien con compasión por las personas.

La batalla es del Señor

A veces lo único que necesitamos para hacer valoraciones espirituales es un vistazo. Solo una mirada puede producir temor o fe. Lo que vemos con nuestros ojos carnales a menudo producirá temor inmediato. Las cosas que vemos con fe pueden descartar esos temores y permitirnos procurar la victoria.

En 2 Reyes 6 tenemos el relato de Eliseo perseguido por el rey de Siria. Es probable que usted conozca dicho relato.

Y se levantó de mañana y salió el que servía al varón de Dios, y he aquí el ejército que tenía sitiada la ciudad, con gente de a caballo y carros. Entonces su criado le dijo: ¡Ah, señor mío! ¿qué haremos? El le dijo: No tengas miedo, porque más son los que están con nosotros que los que están con ellos. Y oró Eliseo, y dijo: Te ruego, oh Jehová, que abras sus ojos para que vea. Entonces Jehová abrió los ojos del criado, y miró; y he aquí que el monte estaba lleno de gente de a caballo, y de carros de fuego alrededor de Eliseo.

—2 REYES 6:15–17

El rey de Siria había enviado soldados para que capturaran a Eliseo. Había descubierto que era muy probable que Eliseo fuera el motivo

111

Mantenga los cerdos fuera de casa

por el cual Siria no podía derrotar a Israel. Averiguó dónde estaba, en Dotán, que no estaba lejos de Samaria. Cientos de soldados fueron enviados para perseguir y destruir a Eliseo. Hágase una imagen mental de este ataque. En la noche el rey envió un ejército para que capturara a Eliseo y se lo llevaran vivo o muerto. Parece que el rey de Siria sabía que peleaba contra Dios pero no sabía cómo hacerlo.

Pensó, como muchos, que un gran número de personas o de riquezas, o que la abundancia de prácticamente cualquier cosa de este mundo produciría la victoria, así que envió una multitud de soldados. No se dio cuenta de que el fuego del cielo acabaría con cincuenta o con cincuenta mil. La multitud celestial siempre es suficiente, independientemente de las probabilidades.

Eliseo no estaba en una fortaleza, no tenía guardias ni ninguna fuerza militar a su alrededor. Sin embargo, le enviaron un ejército en su contra. Los que pelean contra Dios y su pueblo no saben lo que hacen. El aspecto de la situación provocó gran temor en el siervo de Eliseo. La preocupación lo consumía y no veía salida. Sin embargo, la fe de Eliseo no disminuyó porque él veía con ojos espirituales. Los ojos de nuestra fe a menudo se abren al creer en lo que Dios ya ha dicho. "Así que la fe es por el oír, y el oír, por la palabra de Dios" (Romanos 10:17).

Mire, si su siervo solo tenía un poco de conocimiento de la Palabra de Dios, si solo hubiera recordado algunos de los salmos que sin duda había leídos, él hubiera sabido que no necesitaba sentir temor de las miles de personas. No necesitaba sentir temor de una multitud que les rodearan ni de una hueste en su contra.

No temeré a diez millares de gente,
Que pusieren sitio contra mí.

—Salmo 3:6

Aunque un ejército acampe contra mí,
No temerá mi corazón;
Aunque contra mí se levante guerra,
Yo estaré confiado.

—Salmo 27:3

Una de las grandes cosas que he aprendido en mi andar espiritual es que la batalla es del Señor. La verdadera fe abraza la mano invisible de Dios. Las batallas espirituales en el reino celestial están más allá de mi capacidad para lanzarme a ellas, más allá de mi capacidad para comprender y más allá de mi autoridad. Es mi deber apoyarme en la verdad y en las promesas de la Palabra de Dios. Esto implica saber por fe que puedo confiar en Dios.

Cuando los ejércitos enemigos nos rodean es probable que haya temor dentro de nosotros. Debemos recordar la Palabra de Dios y las victorias pasadas. Cuando las probabilidades parecen tan atemorizantes y pareciera que son más los que pelean en contra nuestra que los que están con nosotros: "No tengas miedo", en realidad, aquellos que están con nosotros para protegernos *son más que los que están en contra nuestra* para destruirnos. Los santos ángeles son más numerosos sin lugar a dudas y nuestro Dios es infinitamente más poderoso.

Nunca debemos agrandar la causa de nuestro temor sino que más bien debemos expresar nuestros pensamientos grandes y elevados sobre Dios mediante su Palabra. Es interesante comparar la fe de Eliseo y la de su siervo; ambos eran seguidores de Dios. Eliseo se veía seguro. Su siervo veía un peligro y rendición inminentes. Uno tenía visión del reino espiritual mediante la fe y las experiencias de fe. El otro solo podía medir las cosas según lo que veía con su visión carnal. Eliseo veía un ejército de ángeles a su alrededor. Él comprendía por fe que las propias puertas del infierno no prevalecerían en su contra. Él veía "gente de a caballo, y de carros de fuego alrededor" (2 Reyes 6:17). Veía a los ángeles de Dios. Los ángeles de Dios no son solo los mensajeros sino también sus soldados.

Cuando Jacob se encontró con los ángeles de Dios dijo: "Campamento de Dios es este" (Génesis 32:2). Jesús dijo: "¿Acaso piensas que no puedo ahora orar a mi Padre, y que él no me daría más de doce legiones de ángeles?" (Mateo 26:53). Los ángeles de Dios son todos espíritus ministradores enviados para ministrarnos a nosotros (Hebreos 1:14).

Eliseo conocía, su siervo no. Aquellos de nosotros que conocemos debemos ayudar a que otros vean.

Mantenga los cerdos fuera de casa

Calmar los temores de otros es quizá la mayor bondad que podemos mostrar. Los temerosos y pusilánimes son aquellos que no ven con sus ojos espirituales. Mientras más clara sea la visión que tenemos de la soberanía y el poder de Dios, mejor podremos orar por ellos. Yo veo la oscuridad de los poderes demoníacos tanto aquí como en los lugares celestiales, pero no me concentro en ellos. Me concentro en la grandeza de Dios.

Una lupa no cambia el objeto que usted está observando sino que cambia su perspectiva del objeto. Amplíe al Señor, concéntrese en la luz y la verdad. Yo le presento la luz a las tinieblas. El abrir nuestros ojos por fe en lo que Dios ha dicho también silenciará nuestros temores. La oscuridad puede ser atemorizante, debemos decidir vivir en la luz. Las calamidades y las amenazas de esta vida terrenal disminuyen con una visión más clara de Dios a través de su Palabra.

Eliseo ya había visto la mano de Dios. Él había sentido y conocido su presencia. Ya había escuchado las palabras familiares de Dios: "No temas".

Es interesante que cuando los discípulos temieron que perecerían en la tormenta en el mar, ellos no temían que Jesús pereciera, ellos sabían que él era el Maestro. Lo único que veían era la amenaza que la tormenta representaba para ellos. Eso era lo único que el siervo de Eliseo podía ver. La abrumadora cantidad de soldados enemigos cautivaba su pensamiento. Eliseo le pidió a Dios que le permitiera ver en el reino espiritual. Él dijo: "No tengas miedo, porque más son los que están con nosotros que los que están con ellos" (2 Reyes 6:16).

En los lugares celestiales suceden muchas cosas. Nosotros participamos en la oración. Lo sabemos por fe, pero Dios no nos ha dado autoridad para desafiar a los espíritus demoníacos en esa esfera. No lo haga.

Territorio restringido
Los cielos son los cielos de Jehová;
Y ha dado la tierra a los hijos de los hombres.
—Salmo 115:16

Ya mencioné que en nuestro ministerio ha recopilado información valiosa sobre el trato con los demonios. A través de incontables horas de sesiones individuales hemos acumulado no solo los nombres de demonios que causan daño en el interior sino también los nombres y territorios de sus contrapartidas como gobernadores del reino celestial.

Los cielos, el mundo espiritual, o el mundo invisible de los cielos es un territorio restringido para nosotros los seres humanos. Una de las verdades obvias para nosotros es que si los cielos no estuvieran restringidos para nosotros, seríamos capaces de ver, escuchar y hablar con los seres espirituales que existen en el mundo espiritual. No podemos, y Jesús nunca nos enseñó a buscar a estos principados gobernantes. Los cielos están fuera de los límites excepto mediante la oración. Los ángeles de Dios están de un lado; los ángeles caídos, incluyendo a Satanás, están del otro lado.

Somos seres terrestres y nuestra autoridad en Cristo se extiende a esta tierra y a las personas. Nosotros, como creyentes, hemos sido enviados a las personas para evangelizarlas, para expulsar demonios, para sanar a los enfermos, para resucitar a los muertos y para limpiar a los leprosos. Nuestra comisión no incluye *derribar* reinos.

Esa batalla no solo no nos pertenece sino que no debe ser una batalla en lo absoluto. Nuestra función y nuestra comisión son resistir. Tenemos que amar a Dios con toda nuestra mente, corazón y alma. Hacer aquellas cosas que son agradables para él. Resistir a Satanás y a sus demonios. Nuestra comisión no es derrocar una estructura celestial de gobierno, ni tampoco desafiar a los principados que han ganado su estatus de reino por los pecados y la desobediencia del pueblo de Dios. Nuestra función es predicar y enseñar el evangelio mediante el amor para que estas personas se salven. Una vez que las personas pertenecen a Cristo, pueden escoger hacerlo Señor. Una vez que eso se hace, los poderes demoníacos con derechos a esa persona pueden ser expulsados. Un enfoque equivocado puede llevar al desastre espiritual, emocional y físico.

Recuerde a Zacarías el sumo sacerdote a quien el ángel Gabriel dejó mudo. El sumo sacerdote habló presuntiva y sencillamente cuestionó al ángel (Lucas 1:11–20). Nuestro estado actual sigue siendo un poco menor que los ángeles. Es muy desacertado atreverse a dar órdenes a estos seres espirituales que tiene un rango más elevado en el orden creado.

Ya que la Escritura es clara en cuanto a que los ángeles solo siguen las órdenes de Dios, ¿por qué pensar que los demonios obedecerían las nuestras? Recuerde, hasta el arcángel Miguel, cuando estaba peleando con el diablo por el cuerpo de Moisés no se atrevió a acusarlo con calumnias sino que dijo: "El Señor te reprenda" (Judas 9).

Piénselo, nosotros funcionamos fuera de la voluntad de Dios al tratar de enfrentar a estos seres celestiales por nuestra cuenta. La organización de Dios en su gobierno celestial es que es él quien trata directamente con las fuerzas espirituales mientras que nosotros nos ocupamos de nuestros asuntos aquí en la tierra al vivir la vida cristiana.

Aunque estamos en Cristo, en este mundo seguimos siendo "un poco menor que los ángeles" (Hebreos 2:7), y nos engañamos a nosotros mismo cuando nos revestimos de una autoridad que no nos ha sido dada. La Escritura dice que estos seres tienen mayor rango que nosotros en el orden creado.

> Todo esto demuestra que el Señor sabe librar de la prueba a los que viven como Dios quiere, y reservar a los impíos para castigarlos en el día del juicio. Esto les espera sobre todo a los que siguen los corrompidos deseos de la naturaleza humana y desprecian la autoridad del Señor. ¡Atrevidos y arrogantes que son! No tienen reparo en insultar a los seres celestiales, mientras que los ángeles, a pesar de superarlos en fuerza y en poder, no pronuncian contra tales seres ninguna acusación insultante en la presencia del Señor. Pero aquéllos blasfeman en asuntos que no entienden. Como animales irracionales, se guían únicamente por el instinto, y nacieron para ser atrapados y degollados. Lo mismo que esos animales, perecerán también en su corrupción.
>
> —2 Pedro 2:9–12, nvi

Solo Dios tiene poder y autoridad sobre los seres celestiales en los lugares celestiales del mundo espiritual. El territorio de Satanás en el reino celestial está por lo tanto fuera de nuestra esfera de autoridad. La nuestra está en la tierra y se limita a lo que nos pertenece. Reclamar dicha autoridad hace que la persona esté sujeta al engaño de los demonios y a las fortalezas demoníacas.

SECCIÓN 3

MANTENGA LISTAS SUS ARMAS ESPIRITUALES

CAPÍTULO 16

LA SALA DEL TRIBUNAL DE LIBERACIÓN

Los principios de este capítulo son un ingrediente crucial para comprender el proceso de liberación y reconocer cómo mantenerse libre. Trate de imaginarse el cuadro espiritual: un tribunal donde Jehová Dios está sentando en la silla del juez. Él es el Juez de toda verdad y justicia. Es su sistema legal. La ley es lo que él ha dicho. Cualquier cosa que Dios diga se convierte en ley. Usted no puede ver su rostro, solo su gloria. Los santos ángeles rodean la silla y proclaman su santidad. Dios no solo es el juez; las Escrituras le llaman *el juez justo*.

> Por lo demás me espera la corona de justicia que el Señor, el juez justo, me otorgará en aquel día; y no sólo a mí, sino también a todos los que con amor hayan esperado su venida.
>
> —2 Timoteo 4:8, NVI

Ya vemos que este no es un tribunal común y corriente. Este tribunal es diferente. Aquí solo se reconoce la verdad. Mire, la liberación no es cuestión de poder, ni tampoco de autoridad aunque sin dudas la tenemos en el nombre de Jesucristo. Es cuestión de verdad. Todos los demonios son mentirosos y sus derechos en la vida de un creyente llegan mediante el engaño, es al hacernos creer una mentira. Sus derechos se obtienen mediante el pecado y la desobediencia, ya sea en nuestras vidas o en las de nuestros ancestros. Un elemento de su engaño es hacernos creer que nunca podremos ser libres.

Mantenga los cerdos fuera de casa

¿Cuál es un derecho típico que un demonio pudiera tener? Podría incluir la falta de perdón, creer que está bien aferrarse a la ira, el resentimiento o la amargura. Estos son ejemplos comunes de lo que da a los demonios acceso a los creyentes. Pudiera ser la convicción de que hay justificación para no perdonar o que la amargura está justificada debido al nivel de dolor o desilusión. Estas cosas deben ser confesadas ante el Juez justo. Debe recibirse el perdón mediante la sangre de Jesucristo. Una vez que esto se hace, el demonio ya no tiene derecho legal sobre esa vida. Confesar el pecado cancela los derechos del demonio sobre la vida de uno, pero no significa necesariamente que el demonio se marche. El demonio debe recibir la orden de marcharse en el nombre de Jesucristo. Los demonios deben ser expulsados.

Lo que yo hago es encausar a los demonios. En este tribunal yo represento al candidato a liberación. Yo soy parte de la firma *padre, hijo y Espíritu Santo*. Soy un representante legal de Jesucristo. Imagine que yo soy el abogado defensor del candidato a liberación. Soy el fiscal contra los demonios. Estoy defendiendo al candidato creyente y protegiendo sus derechos en el nombre de Jesucristo. Como su embajador y por la autoridad que se me ha dado en su nombre yo seré el abogado del candidato a liberación.

Encausaré a los poderes demoníacos en base a la verdad de la Santa Palabra de Dios. Todos los demonios son unos mentirosos, así que lo que ellos dicen debe ser desafiado con esta pregunta: ¿Podrá sostenerse como verdad delante de Jehová Dios? Yo he visto que los demonios no le mienten a Jehová Dios.

El cuestionario es sencillo. "Demonio, di tu nombre y ocupación". Jesús ordenó esto al endemoniado en Gadara. "¿Cómo te llamas? ¿Quién eres?" Los demonios tienen nombres dados por su Creador, Jehová Dios. Tienen personalidad, rango y determinadas funciones. Y los demonios tienen tareas.

Sus funciones siempre caen en tres categorías: robar, matar y destruir. Algunos son principados y poderes, otros son gobernadores de las tinieblas, y otros son huestes espirituales de maldad. Algunos son serpientes, otros son escorpiones, ratas, pulpos, leviatanes, escarabajos y criaturas de las tinieblas; y algunos tienen otras identidades

La sala del tribunal de liberación

creativas. Sus tareas van en contra de los propósitos de Dios y en contra de los creyentes.

Una vez que su nombre y tarea han sido establecidos, siempre como verdad delante de Jehová Dios, queda una pregunta principal: "¿Tienen derechos legales en la vida de esta persona?" El permiso, el consentimiento, los derechos legales deben venir de Jehová Dios o de la persona. Si la persona quiere permanecer en esclavitud, los demonios tienen permiso para quedarse. Pero cuando se hace la confesión, y se ha establecido que los demonios no tienen permiso legal, entonces tenemos autoridad absoluta en el nombre de Jesucristo para expulsar a estos demonios fuera de la persona y lanzarlos al abismo.

Los ángeles santos son los *alguaciles* en este tribunal. Están ahí para hacer cumplir las órdenes y ministrar al creyente. Siempre hay victoria en este tribunal cuando la justicia recta es la meta del creyente. ¿Qué es la justicia recta? En este caso es el deseo de ser libre de cualquier mentira de los demonios, no tener tratos en secreto con el enemigo, no participar ni cooperar con la oposición.

Yo creo que hay cuatro principios básicos para la liberación. Es obvio que existen algunas verdades fundamentales y reglas o normas básicas que se aplican a la liberación. A riesgo de simplificar demasiado estos principios, voy a enumerarlos nuevamente, siempre aplican.

1. Un creyente o tiene demonios o no los tiene.

2. Si uno tiene demonios debe ser que los demonios están presentes por alguna especie de derecho legal.

3. El creyente debe tener un deseo sincero de ser libre de los poderes demoníacos. La voluntad humana se reconoce por completo en este proceso. No hay consentimiento que no pueda eliminarse mediante Cristo.

4. Una vez que el consentimiento o derecho legal se ha quitado, los demonios pueden ser expulsados en el nombre de Jesús.

Mantenga los cerdos fuera de casa

Eliminar los derechos legales se produce en el tribunal del sistema de derecho reconocido por Dios. Los derechos solo pueden eliminarse mediante la confesión y el arrepentimiento a través de Jesucristo. Son su obra redentora en la cruz y su milagrosa resurrección las que lo hacen posible. Ya que somos creyentes, herederos de Dios, y coherederos con Jesucristo, podemos ser representados *legalmente* en el nombre de Cristo. Lamentablemente, algunos realmente no quieren ser libres.

Otra noche más con ranas

Moisés le respondió:

—Dime cuándo quieres que ruegue al Señor por ti, por tus funcionarios y por tu pueblo. Las ranas se quedarán sólo en el Nilo, y tú y tus casas se librarán de ellas. —Mañana mismo —contestó el faraón.

—Así se hará —respondió Moisés—, y sabrás que no hay dios como el Señor, nuestro Dios.

—Éxodo 8:9–10, nvi

¡Mañana! Lea ese versículo otra vez. **¿Mañana?** ¿Y por qué no ahora mismo? La plaga de ranas había puesto al faraón de rodillas, así que regateó con Moisés para deshacerse de las ranas. Moisés dijo: "Tú pones la fecha", y el faraón contestó: "Mañana".

Increíble. Piénselo. ¿Por qué demoramos las bendiciones de Dios? ¿Por qué decidimos pasar otra noche más con las ranas? ¿Por qué no decimos: "¡Basta! Ya estoy listo"?

En una época en la que el *tiempo* parece ser más importante que ninguna otra cosa, me pregunto cuánto demora ponerse a cuentas con Dios. ¿Cuánto demora nacer de nuevo? A todos se nos ha concedido la misma cantidad de tiempo: 24 horas cada día, 1,440 minutos cada día. Sin embargo, la excusa que más se da por no hacer algo es: "¡Es que no tuve tiempo!". La mayor parte de las veces no es así. Tal vez sería más adecuado decir: "Simplemente no usé mi tiempo con sensatez".

¿Cuánto demora ser salvo? Explotar un globo demora .003 milésimas de segundo; ¿cuánto demora ser salvo? ¿Cuánto tiempo es por siempre? Así dura la salvación. La eternidad es para siempre. Permítame responder eso primero. ¿Cuánto dura la salvación? Jesús dijo: "Para que todo el que cree en él no se pierda, sino que tenga vida eterna." (Juan 3:16). Muchos conocen el camino y deciden no ir. El faraón tuvo su tiempo y él escogió quedarse con las ranas. Así dura la eternidad. Una de las aves más lentas que conozco es el pelícano. Sus alas de diez pies de ancho (tres metros) parecen moverse en cámara lenta mientras batalla para alzar el vuelo. Suponga que fuera responsable de llevar cada grano de arena de cada desierto del mundo hasta el sol, un grano a la vez; luego cada grano de cada playa del mundo, un grano a la vez; luego cada gota de agua de cada río, corriente, lago, mar y océano, una gota a la vez. Cuando termine todo eso, treinta minutos de la eternidad se han vencido. ¿Le da eso algún indicio de cuánto dura?

La vida eterna que Dios da a los creyentes mediante Jesús durará lo mismo que lo que un creyente pasará separado eternamente de Dios. Eternamente separado, no posponga la salvación.

Bien, esto es lo que demora ser salvo. ¿Tiene un cronómetro? ¿Cuánto demora leer lo siguiente?

Dios, soy un pecador y te necesito. Sé que no puedo ir al cielo como soy. Necesito ser salvo. Creo que Jesús murió en la cruz y derramó su sangre por mí. Creo que él vive hoy y que él me ama. Ven a mi corazón, Señor Jesús, y sálvame.

¿Midió el tiempo? ¿Cuánto fue, entre ocho y diez segundos? Eso no es mucho tiempo. Qué discurso tan, pero tan triste para nuestro mundo. No se quede con las ranas.

Algunos nunca llegarán al punto de hacer esa oración. Muchos pasarán la eternidad separados de Dios, en un lugar que se llama infierno porque se niegan a invocar el nombre de Jesús. No hay otro nombre que brinde salvación.

Mantenga los cerdos fuera de casa

De hecho la salvación ni siquiera toma de ocho a diez segundos. Lo que sea que le demore en su corazón aceptar por fe la gracia de Dios, será cuánto demore la salvación. ¿Supondría usted que *no tener tiempo suficiente* es una excusa ridícula para Dios? ¿No será que nosotros solo queremos una noche más con las ramas, reacios a arrepentirnos y volvernos del pecado? Un tiburón azul puede nadar una milla (1,6 Km.) en 140 segundos[*]. Usted puede escribir una carta entre ocho y diez minutos. Puede hacer la oración de salvación entre ocho y diez segundos. Ahora bien, es muy probable que los que están leyendo este libro ya sean salvos pero, ¿todavía son esclavos de los demonios? Entonces le pregunto: ¿por qué pasar una noche más con las ranas? ¿Por qué no decidir ser libre y vivir libremente su vida?

---

[*] Elasmo-Research.org, "How Fast Can a Shark Swim?" [¿Cuán rápido puede nadar un tiburón?], Biology of Sharks and Rays, http://www.elasmo-research.org /education/topics/p_shark_speed.htm (accedido el 14 de mayo de 2010).

CAPÍTULO 17

VENCER LA OPRESIÓN

Yo ESTABA PREDICANDO en una cárcel del oeste de Texas hace unos años. Había predicado muchas veces en esta cárcel que estaba ubicada entre Lubbock y Amarillo. Tenía servicios programados en cuatro prisiones diferentes. El primero era en Dalhart, en la parte superior de la faja de Texas, luego en Tulia y luego en dos cárceles de Amarillo. En Texas hay muchas cárceles y unas cuantas en la zona de la faja territorial. Dalhart está a casi 400 millas (643 kilómetros) de mi casa. Ese fin de semana yo volaría a Amarillo, alquilaría un auto y luego manejaría 87 millas (140 kilómetros) hasta Dalhart.

He predicado en más de 850 cárceles diferentes, así que este era un típico viaje del ministerio. En las cuatro cárceles predicaría a unos mil hombres. Era un viaje de fin de semana, cuatro cárceles en tres días. Mi esposa me llevó al aeropuerto el viernes por la mañana. Nunca olvidaré este viaje. Estaba a punto de aprender algo más en el ministerio de liberación que Dios estaba iniciando en mi vida.

Todo empezó cuando entré al aeropuerto. Sentía una carga y una presencia opresiva, pero no necesariamente se lo atribuía a demonios. A veces viajar es un fastidio. La aerolínea tomó mi maleta, que no era muy grande, pero tenía mi ropa, mis cosas de afeitarme, la Biblia y todo lo demás que necesitaba para el fin de semana. Entonces, mientras esperaba por el llamado para abordar, anunciaron que el vuelo había sido cancelado y que el próximo sería dentro de tres horas o después. Eso no funcionaría, no podría llegar a tiempo a la cárcel.

Recibí poca ayuda en el mostrador de servicio al cliente. Por fin accedieron a ponerme en otra aerolínea. Desde luego, saldría de otra terminal y ellos no podrían sacar mi equipaje. Prometieron entregarlo en el hotel cuando el próximo vuelo llegara a Amarillo. Por fin llegué a Amarillo solo con la ropa que tenía puesta: zapatos tenis, jeans y una camiseta tipo polo. En mi interior sabía que estaba tratando con alguna especie de *oposición espiritual*. Me dije en silencio, a mí mismo y a cualquier demonio que estuviera escuchando: "Voy a las cárceles y voy a predicar".

Alquilé un auto y me fui a Dalhart. Por el camino me registré en el hotel y agarré la Biblia de la habitación. Mientras salía de Amarillo por la autopista 87, puse el control de velocidad crucero en 70 millas (112 kilómetros) por hora y había manejado un par de millas cuando la carretera se redujo a dos vías porque estaban construyendo. Justo cuando llegaba a una pequeña colina había un auto atascado. El carril por el que yo manejaba estaba marcado con conos de seguridad. Recuerdo que frené para evitar el choque y mi auto giró hacia la derecha, al carril que estaba cerrado. Dio un giro de 360 grados, no tocó ni un cono, y volvió a la carretera con dirección a Dalhart. Mi corazón palpitaba un poco, pero recuerdo que dije: "¡Me río de ustedes, demonios! Yo voy a predicar esta noche y Dios será glorificado". Mire, yo conocía al espíritu territorial de esa área. Conozco su nombre, me lo he encontrado en diversas ocasiones. Yo lo conozco y él me conoce.

Parece que tan pronto como llegué a la prisión el ataque espiritual cesó. Vino la unción. Esa noche muchos fueron salvados, liberados y sanados. Prediqué con mis jeans y mi camiseta polo, usando una Biblia regalada por los gedeones.

Sin embargo, cuando regresé a Amarillo podía sentir la opresión otra vez. No tenía hambre. No podía dormir. Al día siguiente debía estar en las instalaciones del centro penitenciario de Tulia, a unas millas al norte de Lubbock.

No había comido en todo el día, estaba cansado por la falta de sueño. Había decidido que llegaría a Tulia un poco antes y pararía en Pizza Hut antes de ir al servicio. Lo recuerdo tan bien. Después de estar sentando, la camarera anotó mi pedido y nunca regresó. Pasó junto a mí varias veces, pero era como si yo fuera invisible. Esperé y esperé. Por fin me dije a mí mismo y a los demonios que pudieran estar escuchando: "Tengo un pan que tú no conoces y esta noche voy a predicar". Me fui sin que me sirvieran y me dirigí a la prisión.

Otra vez la opresión pareció marcharse cuando llegué a la prisión. En esta ocasión iba vestido como para ir a la iglesia, ya sabe, con camisa y

Vencer la opresión

corbata. Yo siempre me vestí igual para ir a la iglesia dentro o fuera de la prisión. Tenía *mi* Biblia. Otra vez la unción fue fuerte y Dios bendijo el servicio. Al final, un recluso hispano que había estado sentado en la fila de atrás se me acercó. Yo había observado que sus ojos estaban fijos en mí mientras predicaba. Él dijo: "Señor, cuando estaba predicando sentí que el Espíritu Santo me decía que le dijera algo. Satanás le ha designado a un demonio de alto rango. ¿Sabe lo que eso significa?". Le aseguré que sí sabía y oramos juntos. Salí de la capilla y caminé por el pasillo. Recuerdo que pensé: "Oh no, ¡otra vez lo mismo!". También recuerdo que el Espíritu Santo me susurró: "La misma autoridad. La misma autoridad".

Cuando llegué a la puerta de entrada de la prisión un oficial estaba en la puerta hablando por su radio. Había truenos y relámpagos en el cielo del oeste de Texas. Las nubes estaban muy oscuras.

El oficial me dijo:

—Señor, ¿adónde se dirige?

—Amarillo —le contesté.

—Escúcheme, tenga cuidado, nos acaban de avisar que hay un tornado en algún punto entre nosotros y Amarillo.

Yo volví a pensar: "Otra vez lo mismo".

Si usted está familiarizado con la zona de las llanuras, sabe que el agua sube rápidamente y los riachuelos pueden convertirse en ríos embravecidos. Llovía muy fuerte, a cántaros. Mientras manejaba a penas podía ver el camino. La carretera interestatal 27 estaba cubierta por una lluvia cegadora. Entonces pareció como si de la nada pudiera sentir que las ruedas de mi auto se levantaban del camino y el auto se desvió a la izquierda. Casi me salí de la carretera, pero las ruedas pronto tocaron el otro lado. Otra vez susurré a quien fuera que estuviera escuchando: "Tus estratagemas no funcionarán".

La opresión pareció intensificarse cuando regresé al hotel. Nuevamente no podía dormir. Estaba tan cansado y tenía dos servicios al día siguiente. Prediqué en las unidades de Clements y Neal en Amarillo y luego fui al aeropuerto para tomar mi vuelo de regreso. Era entrada la tarde, devolví mi auto de alquiler, busqué mi pase de abordar y esperaba ansiosamente mi regreso a casa. Casi sabía lo que estaba a punto

127

de pasar. Estaba tan agotado. Llegó el anuncio. El vuelo había sido cancelado y el próximo sería dentro de tres horas más o menos.

Cuando por fin llegué al aeropuerto DFW y me dirigí a casa, la opresión se fue. Era obvio (para mí) que me habían asignado un demonio de alto rango. Fue un fin de semana que no olvidaré y solo le conté parte de lo que pasó.

Yo no les echo la culpa de las cosas a los demonios. Por lo general no trato de entender cuándo o cómo pudieran estar involucrados. No los valoro en exceso. No les doy demasiado crédito. No pienso mucho en ellos. Realmente trato de mantenerme enfocado en la verdad de la Palabra de Dios. También conozco la realidad de vivir en un mundo pecaminoso. Cuando los demonios se involucran desde afuera, desde los lugares celestiales, y cuando ese ataque está dirigido a nosotros, nuestra autoridad es la misma. Es el nombre de Jesús. Para mi ministerio y mi vida, el nombre de Jesús es la *autoridad absoluta*.

Existe una gran diferencia en *resistir* cuando los demonios vienen tras de usted, a que decida ir a buscarlos, es una gran diferencia. No busque ninguna pelea.

¿Qué idiomas hablan los demonios?

Esta es una pregunta razonable y es una de las tantas que me han hecho, qué idioma se usa en los lugares celestiales. Una mujer me contó sobre su pregunta curiosa.

> Cuando yo era una niña, viví en la India con mis padres que eran misioneros. Sin embargo, un día una de mis tías me llevó un templo hindú y puso sus manos sobre mí e hizo una especie de cántico. Nunca olvidaré ese día. Creo que ella me entregó a uno de los dioses hindúes. Ahora soy adulta y vivo en los Estados Unidos. Estoy casada y soy salva. Conozco de la guerra espiritual y he experimentado una medida de liberación. Sin embargo, siento que todavía queda algo de aquella experiencia en la India. Al parecer no puedo expulsar a estos demonios. ¿Podría ser que ellos no hablan inglés? Son de una cultura diferente, de un país

diferente y quizá nunca han escuchado el inglés. ¿Podrían estar ocultándose detrás de eso o de alguna ignorancia fingida?

Hace unos años llevé a un joven a la liberación y él hablaba inglés perfectamente, sin acento extranjero a pesar de que creció en Rusia. Lo que me resultó muy interesante fue que cuando oramos y confesamos delante de Dios, su lenguaje era puro. Pero cuando comencé a atar los espíritus malignos y ordenarles que revelaran sus nombres y funciones, el tono de su voz cambió, y habló con un fuerte acento ruso. Esto pasaba cada vez que se dirigía la palabra a los demonios. Sin embargo, él no estaba consciente de ellos. Cuando terminamos la sesión y le conté al respecto, él trató de imitar el acento que le describimos y no pudo hacerlo. Se rió porque le resultaba muy extraño que esto pudiera suceder. Ese día él experimentó una gran libertad y se marchó con más conocimiento del Espíritu Santo obtenido mediante la experiencia práctica. Parecía que los espíritus generacionales que habían estado durante tanto tiempo en su familia sin dudas conocían tanto el inglés como el ruso. Para mí está claro que los demonios hablan el idioma de la persona a la que están ligados. ¿Hablan entre sí un idioma demoníaco común? Los he escuchado maldecirme en otras lenguas. Claro que pueden conocer otras lenguas. Las he escuchado cientos de veces. Aunque no los comprendía, sabía sin dudas que estaban dirigidos a mí. Cada vez que se da la orden de que solo el Espíritu Santo puede hablar, ellos siempre se callan.

Uno puede sentir la amenaza y el odio absoluto cuando las lenguas comienzan a hablar. Me atrevería a decir que los demonios se comunican entre sí sencillamente a través de sus mentes. Cuando ellos le den algo para que usted lo piense, serán palabras que usted comprenda en una voz que sea creíble.

Esta pregunta me llegó por la Internet.

Realmente me gustaría saber, cuando uno convoca a un espíritu (angelical o demoníaco), ellos por lo general hablan el idioma de la persona que los convocó, pero ¿cuál es su idioma original? Y por favor, no me diga hebreo, latín o arameo. Sería imposible que ellos hablaran alguno de esos idiomas originalmente porque esos idiomas no existieron hasta que los seres humanos aparecieron y si los ángeles y los demonios son anteriores a la raza humana, sería imposible que ellos originalmente hablaran un idioma humano. Entonces, ¿Sabe alguien qué idioma hablan ORIGINALMENTE los ángeles y los demonios?

Bueno, yo no sé si alguien puede responder la pregunta, pero es una cuestión legítima. Es obvio que Dios es el Creador y el diseñador de todos los seres. Toda la Biblia sustenta que en el reino de los cielos existe un idioma celestial. Si ellos le estuvieran hablando a usted, simplemente los escucharía en su idioma. Cuando hablan entre sí o con Dios, uno pudiera suponer que tienen su propio idioma. Lo supondremos así ya que todo el que ha visto ángeles o ha hablado con ellos los comprendieron en su propio idioma.

Es un hecho que tienen una forma de comunicación más elevada y sofisticada. Recuerde cuando Pablo fue llevado al tercer cielo, él dijo: "…que fue arrebatado al paraíso, donde oyó palabras inefables que no le es dado al hombre expresar" (2 Corintios 12:4). Pablo escuchó y vio cosas que no podía describir ni siquiera tratar de entenderlo a nivel humano. Es diferente, muy diferente, y mejor, mucho mejor.

Entonces, ¿los demonios hindúes comprenden las órdenes que se dan en inglés? Claro que sí. Hace poco una médica vino a nuestra oficina para recibir liberación. Ella vivía en la costa este y era de origen hindú. Hacía poco que era salva y tenía una comprensión inusual del proceso de liberación. Ella dijo: "He lidiado con estas cosas toda mi vida y se han intensificado desde que soy salva. Ellos saben que yo sé". Ella resplandecía con la nueva vida de Cristo en ella. Auguro que pronto ella estará practicando la liberación. Dios enviará personas a ella. Ella tuvo una sesión de liberación maravillosa. Los demonios hindúes comprendieron en inglés en el nombre de Jesús. Esta médica regresó al día siguiente a una de nuestras sesiones para aprender más sobre la sencillez del proceso. Ella será usada por Dios y espero que tenga éxito.

Algo más sobre este tema: Dios comprende su idioma y él le traducirá al demonio si fuera necesario. El nombre de Jesucristo lo comprenden los demonios de todos los lugares.

CAPÍTULO 18

CUANDO LAS RANAS CRÍEN PELO

CUÁNDO EL NOMBRE de Cristo no será suficiente? Cuando las ranas críen pelo. ¿Cuándo el creyente no tendrá esperanza de ser libre? Cuando las ranas críen pelo. Quiero expresar algunas verdades sencillas para ayudarle a mantener la libertad. Los pasos siguientes se sugieren para el uso cotidiano, para ayudarle a crecer en Cristo y continuar en su autoridad espiritual para andar en libertad y ejercer poder sobre el enemigo.

Confiese inmediatamente. No permita que el pecado permanezca mucho tiempo. Memorice el versículo que aparece a continuación y guárdelo en su mente y su corazón. Apóyese en la asombrosa verdad de la promesa que Dios hace de perdonar.

> Si confesamos nuestros pecados, él es fiel y justo para perdonar nuestros pecados, y limpiarnos de toda maldad.
> —1 JUAN 1:9

Aplique esto, no tanto al suplicar perdón sino más bien en darle gracias a él por esto y recibirlo por fe. El pecado debe ser perdonado y usted debe quedar limpio inmediatamente. La liberación depende de nuestra obediencia.

Cuando vengan pensamientos negativos usted debe reprenderlos y reemplazarlos con pensamientos positivos. Asegúrese de que los pensamientos que permanezcan en su mente estén en esta categoría:

> Por lo demás, hermanos, todo lo que es verdadero, todo lo honesto, todo lo justo, todo lo puro, todo lo amable, todo lo

que es de buen nombre; si hay virtud alguna, si algo digno de alabanza, en esto pensad.

—FILIPENSES 4:8

El pecado premeditado invitará a los demonios. Mantenga sus planes santos y agradables a Dios. Anticipe mayor libertad al caminar en obediencia.

Pues este es el amor a Dios, que guardemos sus mandamientos; y sus mandamientos no son gravosos.

—1 JUAN 5:3

Existe una promesa extraordinaria que viene con guardar sus mandamientos y hacer aquellas cosas que le agradan a él.

Y cualquiera cosa que pidiéremos la recibiremos de él, porque guardamos sus mandamientos, y hacemos las cosas que son agradables delante de él.

—1 JUAN 3:22

Concéntrese en agradar a Dios

Concéntrese en agradar a Dios. Anticipe mayor libertad al caminar en obediencia. Usted debe aprender a desechar, inmediatamente, los recuerdos dolorosos de su pasado y vivir con expectación y agradecimiento por la vida sin esclavitud. Mantenga este versículo vivo en usted.

Hermanos, yo mismo no pretendo haberlo ya alcanzado; pero una cosa hago: olvidando ciertamente lo que queda atrás, y extendiéndome a lo que está delante, prosigo a la meta, al premio del supremo llamamiento de Dios en Cristo Jesús.

—FILIPENSES 3:13–14

No olvide nunca que Satanás y todos sus demonios son mentirosos. Aprenda a reconocer la mentira. "Cuando miente, expresa su propia naturaleza, porque es un mentiroso. ¡Es el padre de la mentira!" (Juan 8:44, NVI).

Una de las tácticas favoritas de los demonios es tratar de convencerle de que la liberación, su experiencia de libertad, fue solo emocional y que el enemigo todavía lo tiene en su puño. "Someteos, pues, a Dios; resistid al diablo, y huirá de vosotros." (Santiago 4:7).

Confíe en Dios cada día para que le ayude a tomar decisiones correctas y él lo hará.

> ¿Tan necios sois? ¿Habiendo comenzado por el Espíritu, ahora vais a acabar por la carne?
>
> —GÁLATAS 3:3

Use el nombre de Jesús, la sangre del cordero y su confesión de fe contra las tentaciones y la condenación de todos los demonios. Toda condenación proviene de Satanás. Nunca le crea. Usted ha sido limpiado por la sangre y mediante el nombre de Jesucristo, usted está protegido por la sangre.

> Y ellos le han vencido por medio de la sangre del Cordero y de la palabra del testimonio de ellos, y menospreciaron sus vidas hasta la muerte.
>
> —APOCALIPSIS 12:11

Ahora, pues, ninguna condenación hay para los que están en Cristo Jesús, los que no andan conforme a la carne, sino conforme al Espíritu.

—ROMANOS 8:1

Entregue el control al Espíritu Santo

Permita que el Espíritu Santo controle su vida: todo su ser todo el tiempo. Tome la decisión consciente de hacer a Jesús Señor de todos los días y de cada situación.

Así que, hermanos, os ruego por las misericordias de Dios, que presentéis vuestros cuerpos en sacrificio vivo, santo, agradable a Dios, que es vuestro culto racional. No os conforméis a este siglo, sino transformaos por medio de la renovación de vuestro entendimiento, para que comprobéis cuál sea la buena voluntad de Dios, agradable y perfecta.

—Romanos 12:1-2

Sed llenos del Espíritu.

—Efesios 5:18

Aquel, pues, que os suministra el Espíritu, y hace maravillas entre vosotros, ¿lo hace por las obras de la ley, o por el oír con fe?

—Gálatas 3:5

La Santa Palabra de Dios debe ocupar un lugar predominante en su vida. A veces esto pudiera significar no hacer algo que pudiera apartarlo de la misma.

La palabra de Cristo more en abundancia en vosotros, enseñándoos y exhortándoos unos a otros en toda sabiduría, cantando con gracia en vuestros corazones al Señor con salmos e himnos y cánticos espirituales.

—Colosenses 3:16

Nunca se apartará de tu boca este libro de la ley, sino que de día y de noche meditarás en él, para que guardes y hagas conforme a todo lo que en él está escrito; porque entonces harás prosperar tu camino, y todo te saldrá bien.

—Josué 1:8

Resista en Dios

Todo lo que usted escuche sobre la *armadura* tiene que ver con resistir, no con irse a la batalla. Usted puede resistir y salir victorioso ya que la promesa de protección y victoria proviene de la Palabra de Dios. La armadura es Jesucristo, estamos revestidos de él. ¡Usted puede resistir en Cristo!

Por lo demás, hermanos míos, fortaleceos en el Señor, y en el poder de su fuerza. Vestíos de toda la armadura de Dios, para que podáis estar firmes contra las asechanzas del diablo. Porque no tenemos lucha contra sangre y carne, sino contra principados, contra potestades, contra los gobernadores de las tinieblas de este siglo, contra huestes espirituales de maldad en las regiones celestes. Por tanto, tomad toda la armadura de Dios, para que podáis resistir en el día malo, y habiendo acabado todo, estar firmes. Estad, pues, firmes, ceñidos vuestros lomos con la verdad, y vestidos con la coraza de justicia, y calzados los pies con el apresto del evangelio de la paz. Sobre todo, tomad el escudo de la fe, con que podáis apagar todos los dardos de fuego del maligno. Y tomad el yelmo de la salvación, y la espada del Espíritu, que es la palabra de Dios; orando en todo tiempo con toda oración y súplica en el Espíritu, y velando en ello con toda perseverancia y súplica por todos los santos.

—Efesios 6:10-18

Recuérdese quién es usted en Cristo y resista en fe en lugar de vacilar con temor. Usted debe cortar los lazos con amistades antiguas que sean dañinas, esto es imperativo.

La Biblia pregunta: "¡Oh almas adúlteras! ¿No sabéis que la amistad del mundo es enemistad contra Dios? Cualquiera, pues, que quiera ser amigo del mundo, se constituye enemigo de Dios" (Santiago 4:4). Eso está bien claro. Usted puede contar con que los demonios tratarán de usar *cualquier cosa que haya funcionado antes* para obtener acceso a su vida nuevamente. Debe evitar los viejos patrones y terminar con los hábitos que llevaron al pecado.

Tome en serio sus esfuerzos de glorificar al Señor Jesús. Mire lo que dice la Palabra en Colosenses 3:1-3:

Si, pues, habéis resucitado con Cristo, buscad las cosas de arriba, donde está Cristo sentado a la diestra de Dios. Poned la mira en las cosas de arriba, no en las de la tierra. Porque habéis muerto, y vuestra vida está escondida con Cristo en Dios.

No se distraiga. Manténgase enfocado en Jesús y en las cosas de arriba. Esta batalla es de dependencia, tenga cuidado de no confiar en la carne. Reconocer que no puede hacerlo todo por su cuenta no es debilidad, es fortaleza. Haga las cosas con su ayuda. La mentira de los demonios es decirle que usted puede lograrlo sin Dios. Sin embargo, el Señor Jesús dice claramente en Juan 15:5:

Yo soy la vid, vosotros los pámpanos; el que permanece en mí, y yo en él, éste lleva mucho fruto; porque separados de mí nada podéis hacer.

Recuerde las artimañas del diablo. Esté consciente de las trampas engañosas y de sus trucos. Actúe bajo la autoridad que Dios le ha dado; siempre será premiada por el Padre quien se la dio a Jesús para que se la diera a usted. La alabanza invita la presencia de Dios y hace que el enemigo huya. Alábelo porque él se lo merece; dé gracias a Dios por su continua bondad. "Jehová es el que hace justicia y derecho a todos los que padecen violencia" (Salmo 103:6).

Esté listo para recibir lo que el Espíritu de Dios entrega generosamente. Proviene de la gloria de Jesucristo, quien está a la diestra de su Padre, quien también es Padre de usted. Recuerde a los demonios que usted es heredero de Dios y coheredero con Jesucristo. ¡Usted lo es!

Reciba lo que la Palabra de Dios describe como el fruto de su Espíritu: "Mas el fruto del Espíritu es amor, gozo, paz, paciencia, benignidad, bondad, fe, mansedumbre, templanza; contra tales cosas no hay ley" (Gálatas 5:22–23). Nunca olvide que Jesús dijo: "Como me envió el Padre, así también yo os envío" (Juan 20:21).

Parece que hay ciertas cosas que requieren una atención diligente. Las críticas, el negativismo, sufrir por el pasado, ser demasiado susceptible, la duda, el egoísmo, poner los sentimientos por delante de la fe, y la falta de oración genuina están todos en la lista. Sea una persona sociable y ayude a otros. Ayudar a otros traerá bendición. Usted no pude permitir que la autocompasión ocupe un espacio en su vida.

> Y manifiestas son las obras de la carne, que son: adulterio, fornicación, inmundicia, lascivia, idolatría, hechicerías, enemistades, pleitos, celos, iras, contiendas, disensiones, herejías, envidias, homicidios, borracheras, orgías, y cosas semejantes a estas; acerca de las cuales os amonesto, como ya os lo he dicho antes, que los que practican tales cosas no heredarán el reino de Dios.
>
> —GÁLATAS 5:19-21

El hecho es que Satanás está decidido a robarnos nuestra libertad y todas las demás cosas buenas que tenemos de parte de Dios. Debemos aprender a mantenernos firmes por medio de la justicia de Cristo y la verdad de su Palabra.

Pudiera ser que los poderes demoníacos de los que ahora usted es libre estuvieran asociados con usted durante mucho tiempo. Los demonios fueron una parte tan real de su personalidad y manera de pensar que la carne debe ponerse bajo sujeción diariamente antes de comprender la abundancia de su libertad. El Señor poco a poco sanará su mente y sus emociones en algunos casos. El Espíritu Santo siempre es gentil y no nos da más de lo que podamos soportar en un momento determinado. Pero no importa cuánto tiempo demore, él siempre termina la obra que comenzó en nosotros.

Independientemente de lo que suceda, recuerde que Jesucristo ganó la victoria por usted hace casi dos mil años. Satanás solo puede intentar hacer que usted dude de esta verdad o convencerlo para que renuncie a su libertad voluntariamente. No deje que los pensamientos, emociones o circunstancias negativas lo derroten.

Mantenga los cerdos fuera de casa

Antes, en todas estas cosas somos más que vencedores por medio de aquel que nos amó.

—ROMANOS 8:37

Reconozca la estrategia del enemigo

Para evitar las trampas del enemigo es bueno reconocer algunas de sus estrategias. Una vez que los poderes demoníacos han sido expulsados y ya no tienen lugar dentro de usted, los poderes demoníacos todavía pudieran hablarle. No acepte pensamientos, ideas o dirección como que viene del Señor a menos que esté acorde a la Escritura, le produzca paz y sea parte de una conducta cristiana normal. El Espíritu Santo nunca contradice a la Biblia, nunca crea caos en el interior y nunca nos dice que hagamos cosas extrañas. Las mentiras típicas del enemigo pudieran ser así: "No has sido liberado", "No fue real", "No se hizo completo", "No puedes mantener tu libertad", "Todavía hay demonios dentro de ti" y "Dios pide que hagas tal cosa o si no…". No lo crea. Resista con la Palabra de Dios. ¡La Palabra de Dios seguirá siendo verdad incluso si las ranas crían pelo!

Un significado del nombre *Satanás* es "acusador". Quizá usted se sienta culpable por haber tenido poderes demoníacos debido a sus pecados pasados. Recuerde que todos sus pecados y fracasos han sido limpiados por la sangre de Jesucristo y Dios los ha borrado de su memoria. Por otra parte, puede que le digan que usted es demasiado débil para resistir, que le está fallando a Dios y que por lo general usted es solo una persona de lo peor. El truco de estas mentiras, y las que tratamos anteriormente, es hacer que se enfoque en sí mismo en lugar de enfocarse en Jesucristo.

Independientemente de lo que seamos o hayamos sido, Jesucristo es perfecto y él nos ama. Recuerde que su fuerza no proviene de su propia fidelidad sino más bien de su fiel Señor.

Mas yo en tu misericordia he confiado;
Mi corazón se alegrará en tu salvación.

—SALMO 13:5

Los demonios pudieran intentar intimidarle con demostraciones de su poder. No tenga miedo si las cosas parecen irle mal un tiempo o si parecen reaparecer síntomas que había antes de la liberación. Recuerde que si fueran tan poderosos como dicen ser, hubiéramos sido arrastrados hace mucho tiempo. El motivo por el que todavía estamos aquí es que el poder de Satanás contra nosotros es, en realidad, muy limitado. Solo existe una Persona todopoderosa, y es el mismo Dios, el Padre de nuestro Señor Jesucristo, quien envía al Espíritu Santo para morar en nosotros y en quien somos bautizados. Estamos del lado ganador.

Mi opinión es que los demonios tratarán de manipularle al recordarle cosas que son dolorosas, tal vez para hacerle sentir que usted está justificado al retomar la falta de perdón o la amargura. Quizá usted se sienta tentado con viejos hábitos o conductas que no encajan en la vida cristiana. El diablo tiene una manera de hacer que los viejos tiempos nos parezcan color de rosa, tal y como engañó a los israelitas en el desierto para que extrañaran los melones, los pepinos, los puerros, las cebollas y los ajos que habían dejado en Egipto (Números 11:5).

Por supuesto, a Satanás se le olvidó mencionar la miseria y la esclavitud que acompañaba a esas frutas y vegetales apetitosos. Los demonios tiene la facilidad de recordarnos solo el placer del pecado no el sufrimiento que lo acompaña.

No sienta nostalgia por el pasado sino que mantenga los ojos en el futuro mientras se prepara para entrar en la tierra prometida de Dios. Jesucristo no vino a quitarle las cosas buenas sino a darle verdadera vida.

> El ladrón no viene sino para hurtar y matar y destruir; yo he venido para que tengan vida, y para que la tengan en abundancia.
> —JUAN 10:10

> Deléitate asimismo en Jehová,
> Y él te concederá las peticiones de tu corazón.
> —SALMO 37:4

Reconocer la estrategia del enemigo es útil, pero no nos gana la batalla. Es importante que usted aprenda y practique algunos principios positivos que le permitirán ganar terreno rápidamente y mantenerlo. Es importante desarrollar una nueva manera de pensar en base a la verdad de la Palabra de Dios. Concentre su atención en Jesucristo. Su sangre es la protección más poderosa del universo. Además Jesucristo vino y derramó su propia sangre porque le ama. Confiese el hecho de que él le ama. Hable con Jesús a lo largo de cada día, cuéntele las cosas malas y las buenas. Usted puede estar seguro de que él no le abandonará. Permita al Espíritu Santo hacer su obra en usted. Ore durante el día. Deje que el Espíritu Santo le muestre las actitudes, hábitos, sentimientos y conductas negativos que necesitan ser cambiados. El Espíritu Santo es el poder dado por Dios para que usted llegue a ser como Jesucristo. Él le mostrará cosas a través de la Biblia, a través de otras personas y a través de sus experiencias.

Dijo entonces Jesús a los judíos que habían creído en él: Si vosotros permaneciereis en mi palabra, seréis verdaderamente mis discípulos; y conoceréis la verdad, y la verdad os hará libres.

—Juan 8:31–32

Ordene al diablo y a los poderes demoníacos que se vayan y lo dejen tranquilo en el nombre de Jesucristo. Deje claro que usted tiene la intención de seguir a Jesucristo a cualquier precio. Por sobre todas las cosas, no discuta con el enemigo ni considere sus pensamientos, usted no puede vencerlo de esa manera. En cambio, aclare su mente al alabar suavemente a Jesucristo.

Someteos, pues, a Dios; resistid al diablo, y huirá de vosotros.

—Santiago 4:7

Mi consejo es no pensar mucho en los demonios. No haga hincapié en ellos, no piense en ellos por la noche, no les dé demasiado crédito. Manténgase enfocado en Jesús. Rodéese de cristianos que tengan el mismo parecer. El andar cristiano no fue diseñado para hacerse solo. Necesitamos a otras personas en la comunión cristiana que nos apoyen. Esto no es nada de lo cual avergonzarse sino que es el método que Dios prefiere. Jesucristo ministra a través de su cuerpo.

Sobrellevad los unos las cargas de los otros, y cumplid así la ley de Cristo.

—Gálatas 6:2

Dé gracias al Padre por enviar a Jesucristo y ungirlo con el Espíritu Santo para sacarnos del reino de las tinieblas a la luz. El fallecido Dr. E. V. Hill, el gran pastor negro de Los Ángeles, solía decir: "¡Gracias a Dios por Jesús!"

El Espíritu del Señor está sobre mí,
Por cuanto me ha ungido para dar buenas nuevas a los pobres;
Me ha enviado a sanar a los quebrantados de corazón;
A pregonar libertad a los cautivos,
Y vista a los ciegos;
A poner en libertad a los oprimidos;
A predicar el año agradable del Señor.
Y enrollando el libro, lo dio al ministro, y se sentó; y los ojos de todos en la sinagoga estaban fijos en él.
Y comenzó a decirles:
Hoy se ha cumplido esta Escritura delante de vosotros.

—Lucas 4:18–21

¿Cuándo fallará la Palabra de Dios? ¡Cuando las ranas críen pelo!

Así será mi palabra que sale de mi boca; no volverá a mí vacía, sino que hará lo que yo quiero, y será prosperada en aquello para que la envié.

—Isaías 55:11

Y el Dios de paz aplastará en breve a Satanás bajo vuestros pies. La gracia de nuestro Señor Jesucristo sea con vosotros.

—Romanos 16:20

CAPÍTULO 19

CERDOS DEL PASADO

Su memoria es una de las partes notables de su complejo ser. Funciona como un sistema de noticias para el cerebro; es como el libro de historia del cerebro. Es un banco de pensamientos que contiene millones, tal vez miles de millones de recordatorios. Almacena los pensamientos e impresiones, las experiencias, las cosas vistas, oídas y sentidas.

Es asombroso que nuestra memoria pueda recordar tantas cosas con el solo impulso de desear acordarnos de un evento pasado. Podemos pensar en ese sucedo y traer a la memoria incluso más detalles de los que quisiéramos. En ocasiones, lamentablemente, la memoria puede servir para esclavizarnos, una decisión que cada persona toma. En el banco de la memoria de cada persona hay sucesos tanto positivos como negativos. Puede recordar cualquier cosa que yo decida. Puedo hacer de ellos las partes dominantes de mi memoria al pensar en estos con más frecuencia que en otros.

Hay multitudes de personas que sienten que nunca podrán sobrevivir a las heridas del pasado. Piensan que hay cosas que nunca pueden superarse. Piensan en ellas y hablan de ellas constantemente, lo cual tiende a reforzar los sentimientos negativos. Dice que hay alguien a quien nunca podrán perdonar por una herida u horror que causaron en su vida. Muchos de estos recuerdos *oscuros* provienen de nuestra juventud cuando somos frágiles e impresionables. Pudiera ser una pena que nos aplastó tanto que nos parece que nunca podremos soltarla. Muchos sienten que nunca podrán perdonar a alguien que los haya tratado mal. Estos recuerdos oscuros pueden causar desajustes en nuestras vidas y a menudo pueden ser puertas de entrada para los demonios.

Las heridas persistentes pueden provenir del centro de trabajo o con socios de negocios. Tal vez usted sienta que lo engañaron o le agraviaron de tal manera que siente que aferrarse a la ira o a la falta de perdón está justificado. Recuerdos oscuros de experiencias en su matrimonio o relación con el sexo opuesto pudieran perseguirle. La fuente de los recuerdos dolorosos es ilimitada.

Lo esencial es esto: no es cuestión de lo que le pasó, ¡es cómo usted reaccionó a lo que pasó!

Usted puede ser humillado, puede que le mientan, le traicionen e incluso puede sufrir daño corporal y no obstante, sobrepasarlo. Su respuesta al problema determina la magnitud del problema.

> No os ha sobrevenido ninguna tentación que no sea humana; pero fiel es Dios, que no os dejará ser tentados más de lo que podéis resistir, sino que dará también juntamente con la tentación la salida, para que podáis soportar.
> —1 Corintios 10:13

Los problemas que usted ha experimentado en la vida pudieran ser más grandes que los que otros han tenido, a pesar de que los otros también han tenido experiencias amargas y desagradables. Aunque pudieran ser de naturaleza muy diferente a la de las suyas, tal vez no tan graves como las suyas, todo el mundo ha tenido problemas que han dejado cicatrices y recuerdos dolorosos. Usted debe estar consciente continuamente de que no hay sido escogido para sufrir y que en este mundo los problemas son normales.

Hacerle frente al pasado

En el ministerio de prisiones conocemos los casos extremos de *pasados dolorosos* pero el problema no es el pasado doloroso, es la manera en que la persona decide enfrentar el problema. Algunos han tratado de justificar sus malas acciones debido al daño que les hicieron en el pasado. Cuando los poderes demoníacos ganan acceso a nuestras

Cerdos del pasado

memorias, es probable que la entrada que usaron fuera a través de nuestros pensamientos.

Usted tiene que enfrentar el hecho de que la crisis es normal, los problemas son comunes, los recuerdos desagradables del pasado están en la vida de todo el mundo, no solo en la suya. La manera en la que usted maneje el pasado dependerá mucho de cómo usted se las arregló cuando estaba en medio del problema. Las crisis son normales en el proceso de crecimiento, son necesarias para que se produzca la madurez. No tiene sentido comparar nuestros problemas con la experiencia de otros.

En la verdadera liberación no solo es cuestión de *escapar de* sino también de *escapar hacia*. El primer paso para enfrentar el pasado es reconocer que ya pasó. ¡Es el pasado! Lamentablemente para muchas personas los eventos del pasado tienen demasiado control sobre los sucesos del hoy, y para algunos, del mañana.

En la vida espiritual el pánico ciega los ojos para ser receptivos a la Palabra de Dios. Deprime el espíritu, roba la vida de oración, estropea la fe e inhibe el recibir las respuestas de Dios. Cuando los recuerdo traen pánico a su espíritu, usted puede estar seguro de que los poderes demoníacos están influenciando sus pensamientos con mentiras. El tormento que los espíritus malignos producen a menudo incluye pensamientos de renuncia.

David le llamó "terror nocturno". Los psicólogos que se especializan en trastornos del sueño reconocen que el *terror nocturno* es un problema real. Pero no saben qué lo provoca y no conocen la cura.

David dijo:

No temerás el terror nocturno,
Ni saeta que vuele de día,
Ni pestilencia que ande en oscuridad,
Ni mortandad que en medio del día destruya.
Caerán a tu lado mil,
Y diez mil a tu diestra;
Mas a ti no llegará.

Ciertamente con tus ojos mirarás
Y verás la recompensa de los impíos.
Porque has puesto a Jehová, que es mi esperanza,
Al Altísimo por tu habitación.

—Salmo 91:5–9

Cuando se sienta abrumado por el pánico de recuerdos del pasado o cualquier tipo de pánico, supongo que ponga música de alabanza o grabaciones de lecturas bíblicas y alaba a Dios con su espíritu. ¡Este el tiempo de renovar su mente con la limpieza del agua de la Palabra! Decida ser productivo. Haga algo que honre a Dios y los demás. Tome la decisión y hágalo. Abrumarlo con pensamientos de que algo malo va a suceder es una herramienta favorita del diablo. Los demonios lo usan para derrotar y destruir. Cuando estos sentimientos le visiten, reconozca de dónde provienen ¡y resístalos en el nombre de Jesús! Niéguese por completo a someterse a los pensamientos negativos y a los sentimientos depresivos que vienen cuando se despiertan los recuerdos dolorosos. Aprenda a rechazarlos como algo que viene de Satanás con la intención de destruirle.

Las mentiras de los poderes demoníacos son usadas para convencerlo de que se aleje de otros. No deje de comunicarse con las personas ni con Dios. ¡No se aísle! La soledad y el aislamiento solo distorsionarán su forma de pensar. Un buen consejo no es lo mismo que una acción piadosa. El evangelio es buenas nuevas, no un buen consejo. Actúe en base al mismo, hable verdad y esté de acuerdo con lo que Dios dice.

Mantenga sus conversaciones positivas. No permita que la autocompasión y los pensamientos como *"pobre de mí"*, influyan en su conversación. Siempre vaya hacia delante, siempre anticipe la victoria. Asegure que su conversación mueva a los ángeles a ministrar por usted. Preste atención a lo que dice y hable como quien sabe que el cielo está escuchando.

No se avergüence de decirle a Dios la verdad y todo lo que sienta su corazón. Deshágase de los sentimientos negativos al derramar su corazón en confesión. Usted está comprometido con lo que confiesa.

¿Qué? Usted está comprometido con lo que confiesa. Lo que usted confiesa, lo que usted dice es lo que usted cree. Lo que usted crea es lo que usted hará. La confesión negativa produce sentimientos negativos y un estilo de vida negativo. A menudo es permiso legal para que los demonios intervengan en su vida.

Confiese las promesas positivas de la Palabra de Dios. Créalas para materializarlas en su vida, para que se conviertan en realidad en su propia vida y usted se comprometerá con ellas. Fomente la fe. No permita que las confesiones negativas limiten lo que usted está fomentando. Fomente su fe mediante la oración, la Palabra de Dios y una actitud de alabanza en su corazón. Sepa esto: la fe atrae lo positivo, el temor trae lo negativo. Niéguese a pensar en pensamientos negativos. Cuando se sienta inclinado a quejarse de alguien, de una injusticia o de un trauma que al parecer le causó otra persona, llévelo al Señor. No le lleve sus quejas a otra persona ¡y no permita que las quejas vivan dentro de usted! Confiese el pecado, confiese sus heridas, libérelas y pida ser limpiado. Reconozca aquello por lo que su conciencia le condena, no lo oculte. El Espíritu Santo será verdadero; cuando se sienta condenado, confiéselo.

Base su conversación en su confianza en Dios, no confíe en sus sentimientos. Recuerde esto: Dios siempre construye sobre lo positivo. Él es un Dios de fe y sin fe es imposible agradarle. Dios usará sus propias palabras para crear nueva vida en usted. Dios habita en la alabanza de su pueblo, no en las quejas y las críticas. Comience a establecer una comunicación positiva, persista en una conversación que sea positiva.

Cargar con el pasado

Parte del problema de enfrentar el pasado y el dolor del mismo es que usted sabe que nunca podrá volver atrás y solucionarlo. Usted tiene que cargar con los sucesos del ayer. Todo el mundo tiene que hacerlo. A veces le parece que la vida es injusta. Por lo general nos sentimos así porque hemos usado el parámetro de medición equivocado. Estoy seguro de que usted es más bendecido que otros. No se queje de la vida,

Mantenga los cerdos fuera de casa

dé gracias por ella. No piense demasiado en los fracasos del pasado o en las heridas que otros causaron. Confíe en Dios y siga adelante. Él lo reivindicará por el daño. No es trabajo suyo, es el trabajo de él.

Si siente que nunca podrá estar satisfecho hasta que la persona que le hizo daño sea castigada, entonces usted tiene un problema mayor. ¿Por qué quiere que otra persona sufra cuando usted sabe cuán doloroso es? ¿Le llama justicia? ¿Realmente quiere justicia? ¿Alguna vez le ha hecho daño a alguien? Justicia no es lo que yo creo que pedimos cuando estamos heridos, solo queremos que el dolor del pasado se vaya. De alguna manera nos parece que si el autor es castigado, nos sentiremos mejor. Así no funciona. Sin embargo, si ese sentimiento mora en usted, tiene que recordar que la venganza es del Señor. La venganza no es amiga nuestra. En realidad es una gran enemiga y una herramienta que Satanás usa para causar mayor destrucción. Confíe en Dios para reivindicarle. Véalo involucrado en todas sus circunstancias, del pasado, del presente y del futuro.

> Te alaben los pueblos, oh Dios;
> Todos los pueblos te alaben.
> La tierra dará su fruto;
> Nos bendecirá Dios, el Dios nuestro.
>
> —Salmo 67:5-6

La fortaleza del pasado, las garras de un rencor, el yunque de la ira requieren oración y alabanza. Alabanza es una declaración para Dios y para Satanás. Después que ore, mientras ore, alabe a Dios con acción de gracias.

> Ofrezcan sacrificios de alabanza,
> Y publiquen sus obras con júbilo.
>
> —Salmo 107:22

¿Alabar cuando el corazón sangra y está desgarrado? ¿Alabar cuando la presión es tan grande? ¿Alabar cuando se atraviesa el valle de sombra y de muerte? ¿No debiera más bien llorar? No hay vergüenza en llorar, pero no llore demasiado tiempo. Reemplace las lágrimas con alabanza y sacrificio de acción de gracias. Dé a Dios un sacrificio de alabanza. Pronto verá que cuando está consciente de sus bendiciones y le agradece, la paz de Dios se manifestará en su alma.

Usted puede salir de cualquier cosa con alabanza, hasta del dolor del pasado. Aunque puede que se canse de escuchar esto, tal vez de tanto oírlo lo interiorice. Es una decisión que usted debe tomar, nadie puede hacerlo por usted. Tiene que decidir si quiere ser libre del pasado. Si quiere sanidad, entonces hay ciertas cosas que debe hacer. El perdón y la alabanza no son opciones, ¡son obligatorios!

La alabanza tiene un poder increíble para levantar. En Primero de Samuel se narra una ocasión en la que rey Saúl fue atormentado por un espíritu maligno. Cuando David tocaba su arpa, el espíritu maligno se iba de Saúl y él se sentía bien. Qué manera tan maravillosa de deshacerse del enemigo cuando este ataca con el tormento mental. Alabe. Alabe a Dios, alabe a las personas que ama. Nunca condene ni critique, hacerlo es como lanzar bumeranes espirituales. Martín Lutero dijo: "Cuando no puedo orar, ¡siempre canto!".

Aquello en lo que usted se enfoque lo consumirá al final de la jornada. Enfóquese en Dios. Pruebe el principio del vistazo y la mirada: solo échele un vistazo al problema y a las circunstancias, y ponga la mirada en Jesús.

En 2 Crónicas 20 aparece el relato de Josafat. Se le dijo que una gran multitud venía en su contra del otro lado del mar. Él entendía por completo la dificultad y fue al Señor con el problema que él sabía que era demasiado grande para él. "Porque en nosotros no hay fuerza contra tan grande multitud que viene contra nosotros; no sabemos qué hacer, y a ti volvemos nuestros ojos." (v. 12).

Vino palabra a Josafat a través de un joven: "No temáis ni os amedrentéis delante de esta multitud tan grande, porque no es vuestra la guerra, sino de Dios…No habrá para qué peleéis vosotros en este caso…no temáis ni desmayéis" (vv. 15, 17). Josafat designó cantantes para que fueran delante del ejército cantando: "Glorificad a Jehová, porque su misericordia es para siempre" (v. 21). Sin una señal visible de victoria ellos cantaron alabanzas, ¡justo al frente del enemigo!

Mantenga los cerdos fuera de casa

"Y cuando comenzaron a entonar cantos de alabanza, Jehová puso contra los hijos de Amón, de Moab y del monte de Seir, las emboscadas de ellos mismos que venían contra Judá, y se mataron los unos a los otros" (v. 22). Dos de los ejércitos contrarios comenzaron a luchar contra el tercero y cuando lo habían derrotado, se enfrentaron entre sí hasta que el valle quedó cubierto con los cadáveres del enemigo "pues ninguno había escapado" (v. 24). La alabanza no solo trajo la victoria sino también una gran recompensa.

> Viniendo entonces Josafat y su pueblo a despojarlos, hallaron entre los cadáveres muchas riquezas, así vestidos como alhajas preciosas, que tomaron para sí, tantos, que no los podían llevar; tres días estuvieron recogiendo el botín, porque era mucho.
>
> —2 Crónicas 20:25

Tuvieron riquezas y una recompensa con la que nunca habían soñado y el camino de los impíos [fue trastornado] (Salmo 146:9).

Hubo dos canciones en esta gran batalla, una canción de alabanza antes ¡y una canción de liberación después! Recuerde, si usted decide enfrentar su dolor y su pasado a la manera de Dios, la batalla es del Señor y puede experimentar tanto victoria como recompensa al alabarle a él.

> Y me hizo sacar del pozo de la desesperación,
> del lodo cenagoso;
> Puso mis pies sobre peña,
> y enderezó mis pasos.
>
> —Salmo 40:2

El pasado es un pozo, un pozo de desesperación. Pero los versículos siguientes dicen:

> Puso luego en mi boca cántico nuevo,
> alabanza a nuestro Dios.

> Verán esto muchos, y temerán,
> Y confiarán en Jehová.
> Bienaventurado el hombre que puso en Jehová su confianza,
> Y no mira a los soberbios,
>   ni a los que se desvían tras la mentira.
> Has aumentado, oh Jehová Dios mío, tus maravillas;
> Y tus pensamientos para con nosotros,
> No es posible contarlos ante ti.
> Si yo anunciare y hablare de ellos,
> No pueden ser enumerados.
> —SALMO 40:3-5

David ciertamente experimentó calamidades. Él tuvo un pasado doloroso. ¡Saúl no lo trató muy bien! Cuando alguien le odia lo suficiente como para tratar de matarle, yo diría que eso califica como un recuerdo doloroso. Cuando el profeta de Dios le recuerda a uno que cometió adulterio y asesinato, y sus pecados quedan expuestos ante todo el cielo, eso califica como un tormento mental. Cuando sus hijos se niegan a servir al Señor y buscar todo lo que Dios le ha dado, eso debe calificar como pensamientos perturbadores.

Hubo un tiempo cuando David estuvo *muy afligido* en su juventud. Llevó a sus hombres a la batalla y regresó para encontrarse con una *calamidad*. El pueblo hablaba de apedrearlo. Lloraron hasta quedar sin fuerzas para llorar. Sus esposas, hijos y pertenencias habían sido llevados prisioneros.

David le preguntó al Señor: "¿Perseguiré a estos merodeadores? ¿Los podré alcanzar?". La respuesta sencilla a esta sencilla oración fue: "Síguelos, porque ciertamente los alcanzarás, y de cierto librarás a los cautivos" (1 Samuel 30:8).

Una de las frases más desafiantes, y graticantes, de toda la Escritura se encuentra en esta historia: "Mas David se fortaleció en Jehová su Dios" (v. 6).

Anímese en el Señor. No espere por otros. Puede que nunca lleguen, tienen sus propios problemas. Es muy probable que si usted espera, los demás no le animarán de todas formas; puede que le critiquen y le condenen. Anímese en el Señor. La responsabilidad de la recuperación y la sanidad está en sus manos. En la calamidad, anímese en el Señor, ¡busque! Hágase cargo de su vida o alguien más lo hará. Usted toma la decisión de ser sanado. El dolor del pasado es solo dolor porque usted lo permite. Luche por el mañana, luche por el hoy. Olvídese de ayer. Ya pasó. ¡No regrese!

CAPÍTULO 20

ESTÉ LISTO SIEMPRE

En Lucas 5 leemos la historia de los discípulos que lavaban sus redes. "Aconteció que estando Jesús junto al lago de Genesaret, el gentío se agolpaba sobre él para oír la palabra de Dios. Y vio dos barcas que estaban cerca de la orilla del lago; y los pescadores, habiendo descendido de ellas, lavaban sus redes" (vv. 1-2). Los pescadores lavan sus redes al final de la pesquería. Quiere decir que usted ya dejó de pescar.

En la vida hay muchas opciones para claudicar o seguir. A veces las cosas con las que lidiamos en la vida pueden ser abrumadoras. Ya sea que se trate de demonios, personas o ciertas circunstancias fuera de nuestro control, a veces tenemos que tomar decisiones que nunca pensamos que enfrentaríamos. Esto se cumple con todo el mundo.

Todos sabemos que cuando uno esta frustrado o cansado no es el mejor momento para tomar decisiones. El mejor momento es luego de evaluar adecuadamente y de orar por ellas. Las determinaciones incorrectas se producen más a menudo cuando nuestras mentes están cansadas y nuestras emociones débiles. Fue en este momento que llegó Jesús.

Yo le doy gracias a Dios de que Jesús llegue en momentos así como esos. Le doy gracias de que sea posible concentrarnos en él y en su Palabra en esos momentos de *darse por vencido*. Mire cómo las vidas de Pedro, Jacobo y Juan cambiaron para siempre. Estos hombres eran pescadores profesionales. Sabían lo que hacían y sin dudas eran buenos en eso. Sin embargo, en esta ocasión las cosas no iban muy bien. Habían estado fuera toda la noche y no tenían ningún resultado. Nada. Habían decidido rendirse y estaban lavando sus redes.

Lecciones de los pescadores

¿Le ha pasado alguna vez? Las cosas no salen como usted las planeó. Usted hizo su mejor esfuerzo y parece que todo ha fallado. Se siente fracasado y realmente no ve cómo las cosas pudieran mejorar. ¿Pensó en rendirse? ¿Está listo para *levantar el campamento*? *¿Tirar la toalla, vaciar su buró?* ¿Ha sentido que dio lo mejor de sí y aún así no tiene la esperanza de algo mejor? ¿Ha tenido noches perdidas? ¿Y una naturaleza cansada? Lea Lucas 5:1-11. Hay siete verdades que podemos aprender de esta gran sección de las Escrituras.

1. Noches perdidas

Pedro y sus compañeros, Jacobo y Juan, habían pescado toda la noche sin resultados. Habían dado lo mejor de sí. Habían puesto en práctica sus mejores conocimientos y habilidades de pesca, pero no tenían pescados. Estaban pescando en el lugar correcto, se habían dado la mejor oportunidad para triunfar, tenían los equipos adecuados, pero no tenían pescados. Creo que deben haber resumido sus esfuerzos como una *noche perdida*. He escuchado eso unas cuantas veces en las prisiones y fuera de estas. Días perdidos, noches perdidas, años perdidos. También pienso que la mayoría de las personas ven su pasado de esa manera, al menos parte de los mismos. A mí me gusta pescar. Lo he hecho durante horas y sin pescar nada. De todas maneras lo disfruto. Sin embargo, estos hombres sostenían a sus familias con la pesca. Vivían de eso. Las horas pasaban y la oscuridad cedió ante el amanecer. Nada.

2. Una naturaleza cansada

Ahora estaban cansados y frustrados. Tenían una *naturaleza cansada* y tomaron la decisión de darse por vencidos. Uno no quiere estar cansado y frustrado cuando decide darse por vencido.

3. Lavar las redes

Habían decidido lavar sus redes y regresar a casa. Se esforzaron mucho, probablemente hicieron todo lo que sabían hacer, pero tenían

Esté listo siempre

las manos vacías y decidieron rendirse. Es difícil cuando uno ha hecho todo lo que sabe haber y no tiene resultados. No solo parecía una noche perdida sino que ahora estaban cansados. Estaban lavando las redes cuando Jesús llegó. Noches perdidas, naturaleza cansada y ahora lavaban las redes. Se necesitaba una palabra.

4. Se necesitaba palabra
Parece que todavía él llega cuando llegamos a este punto en la vida. Tal vez es donde usted se encuentra ahora mismo. ¡No lave sus redes! Jesús entró a la barca de Pedro y comenzó a enseñar a la multitud de personas que le seguían. Lo presionaban. Todos querían una palabra de Jesús. Me hubiera gustado escuchar aquel mensaje. Al cierre de su mensaje al pueblo, Jesús tenía una palabra para Pedro: "No laven las redes. Boguen mar adentro y echen las redes otra vez. Prueben de nuevo y háganlo a mí manera. Déjenme ayudarlos. No se rindan. Yo puedo ayudarlos con esto".

Estoy seguro de que Pedro meneaba la cabeza un poco y quizá mascullaba: "Yo sé pescar. Soy un profesional. He puesto mi mayor empeño y aplicado mi mejor conocimiento". Es probable que eso fuera lo que él estaba pensando, pero lo que dijo cambió su vida para siempre.

5. Dispuesto a pesar de todo
A pesar de lo que él creía que sabía, decidió creer a Jesús. Ofreció un "a pesar de todo" dispuesto. Es aquí donde realmente ocurren los eventos que cambian la vida. Cuando todas las cosas parecen estar en contra suya y la Palabra de Dios parece tan difícil de creer, a veces la lógica y la razón tienen que retirarse y dar paso a la fe. Es importante escuchar la Palabra de Dios en medio de las opiniones del mundo y de nuestras impresiones humanas.

Se necesitaba una palabra. Lo que más necesitamos es escuchar de Dios. Jesús había estado enseñando desde la barca y sus palabras producen fe. La fe viene por escuchar la Palabra. Ellos no necesitaban una palabra de parte de otro pescador, necesitaban una palabra de Jesús. Pedro dijo lo que nosotros decimos muchas veces cuando hemos experimentado noches perdidas y estamos cansados: "Maestro, toda la noche hemos estado trabajando, y nada hemos pescado". Casi puedo escuchar la frustración en la voz de Pedro. Prácticamente estaba diciendo que Jesús no entendía completamente su situación. No obstante, Pedro estuvo *dispuesto a pesar de todo*. Dios incluso recompensa un paso de fe reacio y cauteloso. Pedro dijo lo que nosotros decimos muchas veces: "No tiene ningún sentido", "Ya lo he probado a mi manera, pero ya que tú lo dices, *a pesar de todo,* en tu palabra, echaré la red". Jacobo y Juan también habían escuchado a Jesús y se adentraron junto con Pedro en aguas profundas.

6. Un milagro cercano

Cuando le creyeron y le obedecieron, cuando actuaron acorde a su Palabra, se hizo lo que no pudieron hacer con sus propias habilidades y conocimientos. Atraparon una gran cantidad de peces, tantos que la red que estaban lavando se rompió. Llenaron ambas barcas con tantos pescados que estas comenzaron a hundirse. ¡Tremendo! La bendición de perseverar es mayor de lo que usted cree. La recompensa por la obediencia y la fe está más allá de nuestras expectativas. ¡Siga pescando! Hay un *milagro cercano.*

A menudo aquello que más necesitamos que suceda parece fuera de nuestro alcance. Parece que solo un milagro de Dios podría cambiar las cosas. El milagro aquí estaba más cerca de lo que ellos pensaban. Habían dado lo mejor de sí, y ellos eran buenos en su profesión, pero no tuvieron resultados. Hasta las palabras dichas por Jesús les resultaban difíciles de creer pero, no obstante, actuaron en base a ellas.

Los sencillos actos de obediencia pueden producir o romper una situación. Aquello que usted necesita está más cerca de lo que cree. A pesar de su experiencia como pescador, y de su lógica humana, Pedro estuvo dispuesto *a pesar de todo.*

7. Adoración necesaria

El último punto de esta historia es la *adoración necesaria.* ¿Qué haría usted? Piense en lo que Pedro y los demás acababan de experimentar. Redes vacías ahora llenas, una noche perdida que ahora era fructífera. Una naturaleza cansada ahora reavivada, la *adoración era*

Esté listo siempre

necesaria. ¿Cómo no caer a los pies de Jesús? ¿Cómo no darle el primer lugar en nuestra vida todo el tiempo? Cuando nos miramos a nosotros mismos y vemos cuán limitados estamos, y miramos a Dios y vemos cuán ilimitado es él, la adoración es necesaria. No lave sus redes. Usted necesita una palabra de Dios. Hay un milagro cercano: las redes llenas y la satisfacción están más cerca de lo que usted cree. ¿Puede ver su situación a la luz de la Palabra de Dios? ¿Puede *lanzarse* un poco más lejos debido a las promesas de Dios? ¿Puede apoyarse en su Palabra independientemente de las circunstancias? No estoy hablando de decisiones tontas, estoy hablando de obedecer su Palabra y actuar según lo que Dios le ha dicho mediante su Palabra. Yo creo que puedo decirle con seguridad que hay un milagro cercano, no lave sus redes.

Recuerde estos principios importantes tomados de los pescadores:

- Noches perdidas
- Naturaleza cansada
- Lavar las redes
- Palabra necesaria
- Dispuesto a pesar de todo
- Milagro cercano
- Adoración necesaria

¿Usted ve lo que yo veo?

"En el año que murió el rey Uzías…" Así es como Isaías marca la fecha de su visión celestial. Uzías había sido uno de los reyes más prósperos de Judá y reinó más de 50 años. Reyes vienen y van, pero nuestro Rey eterno permanece; Él reinará para siempre.

En el año que murió el rey Uzías vi yo al Señor sentado sobre un trono alto y sublime, y sus faldas llenaban el templo. Por encima de él había serafines; cada uno tenía seis alas; con dos cubrían sus rostros, con dos cubrían sus pies, y con dos volaban. Y el uno al otro daba voces, diciendo: Santo, santo,

Mantenga los cerdos fuera de casa

santo, Jehová de los ejércitos; toda la tierra está llena de su gloria. Y los quiciales de las puertas se estremecieron con la voz del que clamaba, y la casa se llenó de humo. Entonces dije: ¡Ay de mí! que soy muerto; porque siendo hombre inmundo de labios, y habitando en medio de pueblo que tiene labios inmundos, han visto mis ojos al Rey, Jehová de los ejércitos. Y voló hacia mí uno de los serafines, teniendo en su mano un carbón encendido, tomado del altar con unas tenazas; y tocando con él sobre mi boca, dijo: He aquí que esto tocó tus labios, y es quitada tu culpa, y limpio tu pecado. Después oí la voz del Señor, que decía: ¿A quién enviaré, y quién irá por nosotros? Entonces respondí yo: Heme aquí, envíame a mí.

—Isaías 6:1-8

Se cree que el rey Uzías murió bajo una nube de lepra y que su reino se desvaneció. Nuestro Dios vive y su reino nunca disminuirá. Isaías vio algo de la gloria de Dios, solo un vistazo. Él lo vio en un trono alto y sublime. Isaías vio algo de la magnificencia de la gloria eterna de Dios en el mismo año que este rey terrenal fue enterrado. Dios permitió que este profeta alcanzara a ver algo de su santidad. ¿Fue este el tercer cielo del que habla Pablo? ¿Cómo puede usted tener una visión precisa del trono de Dios y no inclinarse en humildad? ¿Cómo no habría de consumirle la reverencia? ¿Es esto parte de lo que Pablo llama *inefables*? Hay más porque Pablo dijo: "Cosas que ojo no vio, ni oído oyó…Son las que Dios ha preparado para los que le aman." (1 Corintios 2:9). Él está citando a Isaías. Esto es solo algo de lo que Isaías vio. Ningún hombre ha visto a Dios en ningún momento. Lo que Isaías vio fue su gloria.

Ni nunca oyeron, ni oídos percibieron, ni ojo ha visto a Dios fuera de ti, que hiciese por el que en él espera.

—Isaías 64:4

Lo que Isaías vio es lo que nosotros debemos ver con nuestros ojos de fe: al Soberano eterno. Él está sentado en un trono, su trono. Nadie se ha sentado jamás en ese trono, ni se sentará. Es un trono de gracia al que podemos llegar audazmente mediante Jesucristo. Este trono es alto y sublime. Está por encima de todo y sobre todo. Es un trono de gloria adonde venimos a adorar. Es un trono de un gobierno santo y celestial al que tenemos que sujetarnos.

Cuando Isaías pudo dar apenas un vistazo, él clamó inmediatamente: "¡Ay de mí!". ¡Tremendo! Isaías vio "al Rey, Jehová de los ejércitos" e inmediatamente reconoció su propia humanidad. Él vio toda su debilidad y pecado, todas sus insuficiencia. ¿Puede usted imaginarse lo que sintió cuando uno de los serafines voló hacia él? Este ángel se abalanzaba sobre él, venía hacia él. Qué emociones deben haberse producido en su interior. ¿Puede usted imaginar a un ser humano en esta tierra en un combate espiritual con un demonio que quizá se paró una vez en la presencia de Dios?

Esta criatura de seis alas también tenía manos. Voló a Isaías con un carbón encendido del altar en su mano. Con un toque del altar de Dios Isaías fue declarado limpio. Nada más es suficiente para limpiarnos a menos que venga del altar de Dios. Dios mismo, encarnado en Jesucristo, es quien nos limpia y solo él puede hacerlo.

Este debe haber sido un gran cuadro. Qué humildad debe haber envuelto a Isaías y qué rendición ante el esplendor de Dios. Isaías dice: "Después oí la voz del Señor, que decía: ¿A quién enviaré, y quién irá por nosotros? Entonces respondí yo: Heme aquí, envíame a mí." (Isaías 6:8). Él escuchó la voz del Señor. ¿No es interesante que la fe todavía siga llegando por escuchar la Palabra del Señor? Pudiera ser una referencia a la trinidad cuando Dios preguntó: "¿Quién irá por nosotros?".

Dios no necesita consultar con otros porque él mismo sabe. Yo creo que siempre es así. Un mensajero dispuesto y voluntario hace lo máximo para dar gloria a Dios. Ofrecerse para responder al llamado de Dios da honra a Dios: "Yo lo haré".

Puedo identificarme con la respuesta de Isaías. A veces soy como un niño cuando siento el llamado de Dios. "Yo lo haré, déjame ir por ti. Déjame participar." Con todos los ángeles bajo el gobierno de Dios, ¿por qué necesitaría a un *hombre* para que fuera en su lugar? Al parecer él podría enviar a cualquier de los ángeles a hacer el trabajo. Sin embargo, Dios en su soberanía ha decidido usar a hombres para llevar su mensaje a los hombres. Jesús asumió forma de hombre. El hombre es la razón por la cual Dios amó al mundo de tal manera. Somos el foco del ministerio de los ángeles y el centro de atención de los ángeles caídos para la guerra. No parece haber una comprensión clara de esto.

¿Puede usted ver nuestra pequeñez al involucrarnos en la guerra espiritual en los lugares celestiales? ¿Por qué nos atreveríamos a hacerlo? Somos embajadores del Rey de gloria, pero no somos soldados en una batalla contra los demonios de los lugares celestiales. Cuando ellos decidan pelear conmigo, yo resistiré y lo haré en la justicia de Dios. Pero no seré yo el que empiece la lucha.

Estoy pensando que si nosotros viéramos lo que Isaías vio, mantendríamos nuestros ojos en el trono de Dios.

¿Y a usted quién lo mandó?

Y Jesús se acercó y les habló diciendo: Toda potestad me es dada en el cielo y en la tierra.

—MATEO 28:18

Entonces Jesús les dijo otra vez: Paz a vosotros. Como me envió el Padre, así también yo os envío.

—JUAN 20:21

En los versículos anteriores Jesús dice: "Los envío de la misma manera en que el Padre me envió". Yo sé que usted ha escuchado hacer esta pregunta de manera sarcástica: "¿Y a usted quién lo mandó?". Bueno, Jesús murió y nos mandó a nosotros los creyentes. Cuando él estuvo en el mundo, él era la luz del mundo, pero ahora él dice que nosotros somos la luz del mundo. Nosotros somos lo que él era. Él dijo que *toda* autoridad le había sido *dada* tanto en el cielo como en la tierra.

¿Quién se la dio? El Padre. Jesús también nos dijo: "Como me envió el Padre, así también yo os envío". ¿Cómo lo envió el Padre? Con toda

Esté listo siempre

potestad. Eso se dice y se enseña claramente en la Escritura. No es jactancioso creerlo, es bíblico. Jesús murió y nos dejó encargados a nosotros. Si eso no es verdad, ¿entonces qué lo es? Piénselo. Si nosotros no fuimos *enviados* como embajadores suyos, ¿quién lo es? Si nosotros no tenemos autoridad, ¿quién la tiene?

Existen al menos tres categorías básicas de creencias entre los cristianos. Hay algunos cristianos que creen que Jesús nunca hizo milagros y que él no hace milagros hoy. Tristemente ese grupo es mucho mayor de lo que debiera. Estos son los que dicen: "No lo hizo y no lo hace".

El segundo grupo cree que Jesús sí hizo milagros, pero ya no suceden en la actualidad. Sin lugar a dudas este es el grupo mayor. Esta categoría se alimenta de la lógica humana y del temor a ser visto como un ignorante desde el punto de vista espiritual. Estos son los que dicen: "Lo hizo, pero ya no lo hace".

El tercer grupo cree que Jesús hizo milagros y que siguen pasando en la actualidad. Yo estoy en ese grupo. Él lo hizo y lo hace. Cuando usted ha experimentado milagros es muy difícil no creer en ellos. Cuando usted lee el Nuevo Testamento, y la Palabra de Dios dice que estos continuarán, ¿cómo no creer y al mismo tiempo decir que uno cree en la Palabra de Dios?

Nosotros vemos milagros en nuestro ministerio de forma habitual. Hay cientos de testimonios. Supongo que su usted no cree que los milagros suceden, entonces lo más probable es que no experimente ninguno porque Dios es un Dios de *fe* y es imposible agradarle dejando a un lado la fe.

> Pero sin fe es imposible agradar a Dios; porque es necesario que el que se acerca a Dios crea que le hay, y que es galardonador de los que le buscan.
> —Hebreos 11:6

Así que está claro, si usted no puede tener fe en Él y en su Palabra, entonces no es posible agradarle. Pero Él recompensa la fe. Mire, yo creo que hay autoridad en el nombre de Jesús y que mi fe en ese

Mantenga los cerdos fuera de casa

nombre es recompensada por Dios. Yo creo que Él hizo y que Él hace. Yo creo que Él nos mandó.

¿Se acuerda del centurión romano que quería que Jesús sanara a su siervo (Lucas 7:1-10)? Jesús dijo que nunca había visto fe semejante en todo Israel. El hombre le dijo a Jesús que él sabía lo que era la autoridad. Él entendía que Jesús simplemente podía pronunciar la palabra y la enfermedad tendría que marcharse. Jesús dijo que eso era "gran fe". Comprender la autoridad es una gran fe.

El nombre de Jesús es una autoridad reconocida en el cielo y en la tierra. Es en su nombre que toda rodilla se doblará. Es en su nombre que los hombres pueden ser salvos. Es el único nombre dado a los hombre que traerá salvación.

> Y en ningún otro hay salvación; porque no hay otro nombre bajo el cielo, dado a los hombres, en que podamos ser salvos.
>
> —Hechos 4:12

> Sobre todo principado y autoridad y poder y señorío, y sobre todo nombre que se nombra, no sólo en este siglo, sino también en el venidero.
>
> —Efesios 1:21

Es *su* nombre y solo su nombre, que está sobre todo nombre. En Juan 16 Jesús dijo: "Hasta ahora nada habéis pedido en mi nombre…" (v. 24). Él está diciendo hasta ahora buscaron al Mesías, pero yo estoy aquí ahora y mi nombre es exaltado. Mi nombre será honrado por Dios el Padre. Pidan en mi nombre, actúen en mi nombre.

Yo creo que esto es una clave imprescindible para ver que esta verdad bíblica cobre vida: "¡Actúen en mi nombre!". Es más que pedir, es actuar en base a su nombre.

> Creedme que yo soy en el Padre, y el Padre en mí; de otra manera, creedme por las mismas obras. De cierto, de cierto os digo: El que en mí cree, las obras que yo hago, él las hará también; y aun mayores hará, porque yo voy al Padre. Y todo

lo que pidiereis al Padre en mi nombre, lo haré, para que el Padre sea glorificado en el Hijo. Si algo pidiereis en mi nombre, yo lo haré.

—Juan 14:11-14

El nombre de Jesucristo es la autoridad que está muy por encima de todo principado, poder, fuerza o dominio. Está por encima de toda enfermedad, trastorno, temores y obras de los poderes demoníacos. ¡Yo creo que Él lo hizo y que lo hace! Yo creo que Él nos mandó. Cuando los derechos legales se eliminan es una autoridad completamente reconocida en el cielo y en la tierra.

Sin embargo, por favor siga esta verdad cuidadosamente: no hay autoridad donde los poderes demoníacos han recibido derechos legales. Donde hay pecados sin confesar, ahí también hay un derecho legal y eso debe ser eliminado. Debe ser cancelado mediante la confesión. La sangre limpiadora de Jesús debe ser aplicada para eliminar el consentimiento legal de los demonios, y eso incluye la enfermedad y los padecimientos. (No, no todas las enfermedades son provocadas por demonios.)

También hay muchos derechos legales que un demonio pudiera tener en la vida de una persona, pero ninguno que no pueda ser cancelado mediante la confesión, la denuncia y la renunciación. Los pecados generacionales, los juramentos, los votos, las promesas, las ceremonias de sociedades secretas, palabras dichas y el creer una mentira son también derechos legales que los espíritus malignos pueden tener en nuestras vidas. Jesús nos mandó. Si usted no lo hace, alguien más lo hará. No se salga de su marco de autoridad. Nuestra autoridad tiene que ver con lo que nos pertenece y nunca se extiende a otras personas. Hágase cargo de su vida, de su familia, de sus *cosas*. "Así que, no os afanéis por el día de mañana, porque el día de mañana traerá su afán. Basta a cada día su propio mal" (Mateo 6:34).

No viva en el pasado, y no le tema al mañana. Esto también es una puerta para los demonios. Hable verdad. Esté de acuerdo con la Palabra de Dios. Jesús nos mandó.

CAPÍTULO 21

CAMINE POR FE, NO POR VISTA

A LO LARGO DE los años he escuchado a muchas personas dar su opinión acerca de qué es la fe, lo que ellos *piensan* que es. Me pregunto, ¿cuál es su definición de fe? La Biblia nos da una definición y luego procede a dar varios ejemplos para aclarar la definición. Al capítulo once de hebreos se le denomina el *capítulo de la fe* de la Biblia.

> Es, pues, la fe la certeza de lo que se espera, la convicción de lo que no se ve... Pero sin fe es imposible agradar a Dios.
> —HEBREOS 11:1, 6

Esa es la definición bíblica, pero ¿qué significa? Creo que una de las doctrinas más dañinas que se enseña en la actualidad es la idea de que fe es creer en Dios por milagros que *pudieran* corresponder a la esfera de la *carne* y no de la fe. He sido pastor durante más de treinta años y he sido testigo de unos cuantos milagros. Sin embargo, la mayoría de las personas nunca ven milagros o quizá nunca reconocen un milagro. Si usted cree que fe es recibir milagros de parte de Dios, quizá salga desilusionado. Eso pudiera ser *parte* de la fe, pero no es todo lo que implica la fe.

Basado en los ejemplos de fe que se dan en Hebreos 11, yo creo que esta una descripción bíblica certera de la fe: "Un compromiso con Dios que no vacila, independientemente de las circunstancias". Veamos estos ejemplos.

Mantenga los cerdos fuera de casa

Hoy un bote, mañana a flote

"Por la fe Noé…" (Hebreos 11:7). ¿Tenía Noé lo mejor de los bienes de este mundo? ¿Era parte de la élite de la comunidad? ¿Era ese su deseo? No, él solo encontró gracia en los ojos del Señor, como cualquier creyente y vivió fielmente un compromiso con Dios. ¿Supone usted que en los 120 años en que Noé trabajó en el arca puede haberse desanimado? ¿Supone usted que su familia alguna vez cuestiono su compromiso? ¿Supones usted que alguna vez cuestionaron el llamado de Dios para su vida? ¿Tenía él el apoyo de la comunidad? Quizá luego de diez…quince…veinte años él debió haberse preguntado: "¿Lloverá alguna vez?".

Su esposa debe haber preguntado: "¿Estás seguro de que Dios te habló?".

Sus hijos deben haber preguntado: "Oye papá, llevamos cincuenta años trabajando en esto, ¿tú estás seguro?".

Dios le habló a Noé *una vez*. La fe solo puede tenerse en lo que Dios ha dicho. Cualquier aparte de eso no es fe. Dios le habló a Noé del diluvio y del arca una sola vez. Una vez es suficiente. Dios pone algo en su corazón cuando habla. Durante cien años Noé *fielmente* hizo lo que Dios lo llamó a hacer. Él no vaciló. Puede haber tenido preguntas, quizá tuvo frustraciones y persecuciones y muy poco ánimo de parte de otros, pero no vaciló. Dios había puesto algo en su corazón y yo creo que fue algo que le permitió decir ante todo tipo de oposición: "Sí, hoy es un bote, pero mañana ¡*a flote!*"

Si Dios no le ha hablado a su corazón, entonces lo que usted está ejercitando no es fe, pudiera ser simplemente un profundo deseo.

Hoy emigrante, mañana residente

A Abraham se le pidió que dejara su casa y fuera a un país extraño, ni siquiera sabía adónde iba. Él simplemente obedeció. Aunque se convirtió en un viajero itinerante, no vivía con incertidumbre. Dios le había permitido ver una ciudad "cuyo arquitecto y constructor es Dios" (Hebreos 11:10).

La fe sustituye el razonamiento humano. La fe solo puede activarse cuando Dios habla. Si lo que usted hace para agradarle se basa en su propia opinión de Dios, eso no es fe. La única manera en la que usted puede recitar la fe es poniéndola en la palabra que Dios ha dicho. La decisión de Abraham de obedecer no estaba basada en nada que él pudiera percibir con su entendimiento humano; estaba basada más bien solo en lo que Dios le había dicho. Aunque Abraham no tenía todos los detalles, pudo decir, aunque estaba en un país extraño: "Está bien, hoy emigrante, *mañana residente*".

Hoy en el pozo, mañana en el palacio

José debe haber tenido algunas preguntas cuando su propia familia lo abandonó e incluso trató de matarlo. Usted sabe que la historia de José no ocurrió durante unos días o semanas. Fue cuestión de toda una vida. De seguro que algunas frustraciones deben haberse acumulado cuando sobrevivía en el pozo para luego acabar en la prisión.

José tenía una relación con Dios mayor que las circunstancias que enfrentaba. Dios había puesto algo en su corazón que le permitía seguir caminando. Él pudo decir: "Bueno....hoy es el pozo, pero *mañana es el palacio*". Muchas veces nuestro viaje del pozo al palacio es mediante una cárcel. La fe es un compromiso con Dios que no se basa en buenas condiciones, *es* independientemente de las circunstancias. Solo Dios puede poner algo en nuestro corazón que nos permite ver que lo que Él ha dicho que sucederá.

Hoy ladrillos, mañana caminos

Mire los ejemplos de la fe de Moisés. Él tuvo una fe que le permitió decidir padecer aflicción, abandonar Egipto y no temer a las consecuencias. Algo en su corazón decía: "Sí, hoy estamos fabricando ladrillos, pero *mañana haremos caminos*. Él tenía un compromiso con Dios que no vacilaba. Yo creo que la fe sigue creyendo a pesar de las circunstancias. Para mí eso es la fe. Considerar las consecuencias y las circunstancias no apagará un compromiso genuino de fe.

La fe no considera los deseos de la carne al cumplir con el compromiso con Dios. Moisés debe haber pensado que estaba haciendo algo mal cuando el faraón se negaba continuamente a *dejar que el pueblo se marchara*. De seguro se sintió frustrado a medida que los meses pasaron y su pueblo sufría al parecer sin esperanza de liberación. Sin embargo, él tenía la promesa de Dios y Dios había puesto algo en su corazón que le permitía ignorar la carne. Ladrillos hoy, caminos mañana. Fe es creer en la Palabra de Dios. La fe solo puede ponerse en lo que Dios ha dicho.

Le digo que he visto más desilusión en la vida cristiana en aquellos que creyeron que habían *escuchado* algo de parte de Dios, pero lo que *escucharon* no estaba acorde con la Palabra de Dios. La fe debe estar en lo que Dios ha dicho y no en lo que alguien dijo que Dios dijo. No ponga su fe en lo que otros le digan que Dios les dijo sobre usted o para usted. La fe *tiene* que estar en lo que Dios ha dicho, de lo contrario, no es fe de ninguna manera.

Hoy dolor, mañana gozo

¿Cree usted que Esteban tuvo alguna duda en cuanto a su fe? En base a lo que hoy se denomina *fe* según muchos predicadores, Esteban debe haber pensado que había fracasado. Cuando lo *apedreaban hasta morir* ¿se preguntó por qué su fe no estaba *funcionando*? Por supuesto que no porque su fe era un compromiso con Dios a cualquier precio, no dependía de que las cosas fueran según sus sentimientos carnales. Dios había puesto algo en su corazón que le permitiría saber que hoy quizá había dolor, pero *mañana habría gozo*.

Destierro hoy, mañana descanso

La fe de los apóstoles los vio sufrir grandemente por amor al evangelio: crucificados de cabeza, muertos a tiros mientras oraban, muertos a pedradas, cabezas cortadas, parece que algo andaba mal con la fe los apóstoles. No, de eso se trata la fe: un compromiso con Dios inquebrantable, a pesar de las circunstancias. ¿Cómo podemos ser tan ingenuos como par creer que la fe es algo que satisface nuestros deseos carnales? ¿Pudiera ser que somos egoístas? ¿Pudiera ser que nuestro compromiso carece de algo? Los apóstoles fueron fieles en su compromiso hasta la muerte. Juan fue la excepción porque aunque no sufrió el martirio, lo sentenciaron a morir en la solitaria isla de Patmos. Dios había puesto algo en su corazón que le permitiría decir, en medio de toda la persecución: "Sí, hoy hay destierro, pero *mañana habrá descanso*".

Hoy apaleado, mañana alzado

La verdad del evangelio es que la fe real a menudo convida a la persecución. Pablo dijo: "Y también todos los que quieren vivir piadosamente en Cristo Jesús padecerán persecución" (2 Timoteo 3:12). ¿Vivía Pablo en una casa grande? ¿Tenía los mejores alojamientos? ¿Tenía un agente de viajes que se ocupara de sus deseos en cuanto al transporte? Pudiera haber sido más eficiente de haberlo tenido, pero no lo tuvo. En cambio, evangelizó de todas maneras. Pasó la mayoría de sus noches en las cárceles de la ciudad. Lo azotaron (195 marcas); lo apedrearon, se burlaron de él, lo ridiculizaron y lo amenazaron. Tuvo un problema físico que no pudo eliminar mediante la oración. Sin embargo, Dios le prometió gracia suficiente y puso algo en su corazón que le permitió seguir adelante para poder decir: "Es verdad, hoy estoy apaleado, pero mañana seré alzado".

Hoy la cruz, mañana la corona

Pablo escribió a Timoteo desde el corredor de la muerte. ¿Qué hizo mal que su *fe no funcionaba*? Sin riqueza, a punto de ser ejecutado. Hizo su trabajo, peleó la buena batalla, terminó su carrera, no tuvo quejas. Estaba listo para marcharse. Pudo decirle al joven Timoteo: "Soporta las aflicciones" (2 Timoteo 4:5). ¿Aflicciones? ¡Aflicciones! Puedo escuchar ahora a algunos predicadores: "Si tuvieras el tipo de fe adecuado no tendrías aflicciones".

Oro para que usted no esté siendo engañado por lo que la Biblia denomina "otro evangelio", uno que apela a su carne. La fe soporta las aflicciones. La fe continúa a pesar de las aflicciones porque la fe es un compromiso que no depende de circunstancias agradables.

En 2 Corintios 4:17 Pablo nos dice que "esta leve tribulación momentánea produce en nosotros un cada vez más excelente y eterno peso de gloria". Pablo también pudo decirnos que hay una corona guardada para aquellos que aman a Dios. Sí, hoy es la cruz, *pero mañana la corona*.

El compromiso de la fe es imposible sin la gracia de Dios. La fe sigue caminando porque no depende de las circunstancias. No se doblega cuando ve que los problemas se acumulan, cuando las nubes oscuras se oscurecen, porque la fe no camina por vista. Según las Escrituras, los problemas de este mundo seguirán aumentando. Los grandes cerebros no tienen soluciones. La perplejidad aprieta los corazones de muchos.

Cada día que pasa aumentan las posibilidades de que las presiones del mundo crezcan. Nuestro mundo parece casi en erupción con problemas, a punto de explotar con la dinamita de las dificultades. Pero la fe verdadera le permitirá seguir caminando en el llamamiento de Dios y le permitirá decir: "Es verdad, hoy hay ruptura, pero *mañana habrá rapto*". Yo creo que eso es la fe. La fe no lleva cuentas, sigue caminando...a pesar de todo.

¿Por qué es tan difícil creer?

> Creedme que yo soy en el Padre, y el Padre en mí; de otra manera, creedme por las mismas obras. De cierto, de cierto os digo: El que en mí cree, las obras que yo hago, él las hará también; y aun mayores hará, porque yo voy al Padre.
> —JUAN 14:11–12

Jesús está hablando a sus discípulos de "creer". ¿Por qué es tan difícil creer? Él dice: "creéis en Dios, creed también en mí". Los versículos anteriores son palabras fuertes y enfáticas de Jesús para que creamos, simplemente que creamos.

Quiero darle tres de muchas razones para creer.

1. Créale su mundo.

2. Créale por su Palabra.

3. Créale por sus obras.

Créale. ¿Puede usted, honestamente, mirar al mundo y a los milagros de la Creación y no sentir conmovida su fe? ¿Puede leer los milagros a lo largo de la Palabra de Dios y permanecer incrédulo? Él les dijo a sus discípulos: "Créanme entonces por las obras, pero crean en mí". La incredulidad es un insulto a las tres cosas: la creación, la infalible Palabra de Dios y las obras milagrosas de Jesús. Vivir en la duda es vivir en oposición a Dios.

No podemos recibir lo que Dios tiene para nosotros separados de la fe. Realmente no es complicado. Dios es un Dios de fe. Siempre lo ha sido. Abraham, mediante la fe, se convirtió en "padre de todos los creyentes" (Romanos 4:11). Su fe fue contada por justicia (v. 3). Abraham "plenamente convencido de que era también poderoso para hacer todo lo que había prometido; por lo cual también su fe le fue contada por justicia" (vv. 20-21). La incredulidad le roba las bendiciones de Dios y el que Dios reciba la gloria. Nuestro acceso a Dios es mediante la fe (Romanos 5:2).

Jesús reprendió a los discípulos por *no tener fe* y por tener *poca fe*. Él elogió a dos gentiles por tener *gran fe*: la mujer cananea de Mateo 15 y el centurión romano de Lucas 7.

Jesús lloró: "¡Jerusalén, Jerusalén, que matas a los profetas, y apedreas a los que te son enviados! ¡Cuántas veces quise juntar a tus hijos, como la gallina junta sus polluelos debajo de las alas, y no quisiste!" (Mateo 23:37).

Yo creo que fue la incredulidad lo que hizo que Jesús llorara por la ciudad. Sin dudas que nuestra incredulidad aflige el corazón de Dios y limita las bendiciones de Dios. La incredulidad ata las manos que bendicen. Contrista el corazón dador y compasivo de Dios.

Yo creo que fue la incredulidad lo que hizo que Jesús llorara mientras iba hacia la tumba de Lázaro. En lugar de creer que Jesús podía, y lo hizo, resucitar a Lázaro, María y Marta culparon a Jesús por no haber estado allí.

Jesús reprendió a Tomás por no creer: "No seas incrédulo, sino creyente...Porque me has visto, Tomás, creíste; bienaventurados los que no vieron, y creyeron" (Juan 20:27, 29). ¿El *creer* le hace vulnerable? ¿Lo que le frena es aquello de *y qué si* que está implicado? ¿Es el orgullo? Yo creo que es ambas cosas. Yo ministré en la iglesia Agape International en Plano, Texas, que es una congregación de creyentes chinos. El pastor, el Dr. Chen, también es médico. Él me dijo mientras almorzábamos: "Cuando mi hija tenía tres años y medio, tres cuartos del músculo cardíaco estaban deteriorados. Otros médicos me decían que ella necesitaría un transplante de riñón y corazón, y que necesitaría tomar medicamentos durante el resto de su vida si sobrevivía. Oré durante siete días. Dios sanó a mi hija completamente sin la ayuda de los médicos. Hoy tiene diecinueve años y es alumna de la universidad Stanford. Sacó 1550 en su examen SAT y su hermano sacó 1600". Jesucristo sigue sanando personas. Para mí no es difícil creer.

Su mundo. Su Palabra, Sus obras. Jesús nos dios tres razones para creer. ¿No es la creación misma suficiente para creer? Mire a su alrededor; Dios amó tanto al *mundo*. Mire su Santa Palabra que está probada y es real; ¿no es eso suficiente? Jesús dijo: "Si no pueden creer en mí por ningún otro motivo, crean por las *obras*". Parece como si la frustración acentuara sus palabras...Crean en mí.

> De cierto, de cierto os digo: El que en mí cree, las obras que yo hago, él las hará también; y aun mayores hará, porque yo voy al Padre.
> —Juan 14:12

¿"Porque yo voy al Padre"? ¿Qué significa eso? Significa que la misma autoridad que Dios le había dado, Él se la iba a dar a la Iglesia. Después él dijo: "Como me envió el Padre, así también yo os envío" (Juan 20:21).

A algunos les resulta difícil creer esto. De ahí que no se vean tantas obras poderosas. La Palabra también dice que Jesús no pudo hacer muchas obras poderosas en Nazaret debido a la incredulidad de ellos. La incredulidad nos impedirá recibir todo lo que Dios tiene para nosotros porque sin fe es imposible agradar a Dios. ¿Implica mucha fe? Implica dar un paso, actuar. Implica salir del bote. Pedro caminó sobre el agua con un "poco de fe", pero si se hubiera quedado en la barca junto con los demás que dudaron, no hubiera podido ejercitar ni siquiera "un poco de fe". Pedro salió del barco. Abraham empezó a caminar. ¿Qué paso necesita dar usted para expresar su fe en Dios y en su Palabra? Yo creo que implica volver a subirse a la barca cuando Jesús esté en la barca.

Hace poco me surgió un problema médico que no sospechaba. Descubrí que tenía tres discos herniados en el cuello. Vi a cuatro médicos diferentes además de mi hijo que es neurocirujano. (Uno de sus compañeros realizó la cirugía.) No estoy seguro de cómo se produjo el daño.

Creí en Dios para mi sanidad y la recibí de la mano de Dios y mediante cuatro médicos muy calificados. ¿Me permite decirle que creer en Dios no tiene nada que ver con no confiar en que Él use a las personas? Dios usa a las personas para realizar sus obras milagrosas. Su poder sanador y libertador puede verse a lo largo de su Palabra y hay personas involucradas.

No necesitamos a un Moisés, un David o un Elías, necesitamos un vaso que Dios pueda usar para bendecir a su pueblo. El padre del niño endemoniado le dijo a Jesús: "Pero si puedes hacer algo, ten misericordia de nosotros, y ayúdanos" (Marcos 9:22). Mire la respuesta de Jesús: "Jesús le dijo: Si puedes creer, al que cree todo le es posible. E inmediatamente el padre del muchacho clamó y dijo: Creo; ayuda mi incredulidad" (vv. 23-24).

El problema es el mismo: no es si Él puede hacerlo, ¡es si usted puede creer que Él lo hará! Su fe no es más fuerte por creer que Él lo hará sin la medicina ni los médicos. El padre hubiera estado feliz si los discípulos hubieran expulsado a los demonios. Vea la obra de Dios en su vida y en su mundo y agradézcale.

CAPÍTULO 22

USTED ES EL TEMPLO DE DIOS

Cómo puede un cristiano tener demonios?" "Si el Espíritu Santo de Dios vive en mí, ¿cómo podrían entrar en mí espíritus malignos también?" "¿Cómo pueden vivir en el templo de Dios el pecado y los malos pensamientos?" Definir el templo es necesario para comprender cómo el templo se profana y se defiende. El templo en el que Dios vive en la tierra hoy es el cuerpo de un creyente nacido de nuevo. Esta idea es tan abrumadora. Dios realmente mora en el creyente con su Espíritu Santo. Esto puede tornarse confuso para algunos que preguntan: "¿Cómo puede tener demonios un cristiano?". Los espíritus malignos pueden entrar en el templo, así como los malos pensamientos y las acciones pecaminosas, mediante decisiones que tomamos y puertas que abrimos.

Mi amigo Frank Hammond, ahora fallecido, solía decir: "Un cristiano puede tener lo que quiera". Nuestra voluntad sigue intacta cuando somos salvos. Nuestro cuerpo es una trinidad, somos tres en uno. Somos un *espíritu* que tiene un *alma* que vive en un *cuerpo*. La mejor comparación que conozco es ver nuestro cuerpo, o mejor dicho, nuestro ser, como un templo o tabernáculo, como lo llama Pablo en 2 Corintios 5:1: "Porque sabemos que si nuestra morada terrestre, este tabernáculo, se deshiciere, tenemos de Dios un edificio, una casa no hecha de manos, eterna, en los cielos". ¿Se acuerda usted del tabernáculo del Antiguo Testamento? Tenía tres partes: un atrio exterior, luego la estructura como tal del tabernáculo (que incluía el lugar santo) y el lugar santísimo. El lugar santo era dos veces mayor que el lugar santísimo.

El tabernáculo del Antiguo Testamento es un cuadro de nuestro ser. El atrio representa nuestra carne, el lugar santo nuestra alma y el lugar santísimo nuestro espíritu. El lugar santísimo es donde mora el Espíritu de

Mantenga los cerdos fuera de casa

Dios. Esto es importante para comprender cómo se profana el templo. ¿Dónde mora el Espíritu de Dios en el creyente? En nuestro espíritu. No en nuestra alma y carne, esa es la parte de nosotros que podemos rendir a Dios o a la desobediencia. Nuestra alma está compuesta por nuestra mente, voluntad y emociones. Nuestra carne es aquello que puede verse, tocarse, sentirse; tiene sustancia. El espíritu no tiene sustancia, es intangible. Es nuestro espíritu el que nace de nuevo y es en nuestro espíritu que el Espíritu Santo de Dios encuentra residencia.

Tal vez el espíritu es también el "hombre interior". Es muy importante comprender que somos una trinidad, un ser tripartito. El espíritu ha nacido de nuevo; el alma y la carne "están siendo salvos" a medida que nos rendidos y nos conformamos a la imagen de Cristo. Los poderes demoníacos pueden habitar en el alma y la carne. Es en el alma donde se produce la batalla espiritual y a menudo se manifiesta en la carne. La mente es el campo de batalla. La mente y el cerebro están separados, pero yo no puedo probarle científicamente cómo lo sé. El cerebro es físico, la mente es relativa al alma. La semilla del pecado está en la mente mientras que el fruto del pecado puede manifestarse en la carne. Los demonios no pueden y no *poseen* a un creyente, pero sí pueden, y lo hacen, oprimirlos, y la opresión se produce en el cuerpo y en el alma. Recuerde, la posesión implica propiedad. Está claro que somos propiedad de Dios. Se nos compró por un precio. Somos redimidos. La posesión genuina no se puede producir. Existen muchas palabras que pueden usarse adecuadamente para describir a los demonios en los cristianos o atados a estos. Tal vez el término más claro sea *demonizados*.

¿Recuerda lo enojado que se puso Jesús cuando entró al templo y lo vio *profanado* por aquellos que compraban y vendían y por los cambistas de dinero?

> Y entró Jesús en el templo de Dios, y echó fuera a todos los que vendían y compraban en el templo, y volcó las mesas de los cambistas, y las sillas de los que vendían palomas; y les dijo: Escrito está: Mi casa, casa de oración será llamada; mas vosotros la habéis hecho cueva de ladrones.
> —Mateo 21:12–13

Usted es el templo de Dios

¿Cómo fue profanado el templo de Dios? Las cosas del mundo habían sido llevadas al templo. Así se profana hoy también. Sucede cuando *nosotros* invitamos las cosas del mundo para que entren a nuestras vidas. Esto también se convierte en una invitación para que los espíritus demoníacos habiten el templo. Así como la basura atrae a las ratas, cuando nuestra vida tiene pecados no confesados, maldiciones sin romper o falta de perdón, los demonios vienen y profanan el templo.

Tienen que ser *expulsados*. La medicina puede encubrir los síntomas de los demonios, pero no se les puede sacar con medicamentos. La consejería puede ayudar a una persona a lidiar con las consecuencias de los demonios, pero nunca hará que se marchen. No se les puede sacar con consejería. Usted nunca puede razonar con un demonio ni entrenar a su carne para que el demonio se marche. Tampoco pueden ser eliminados porque usted *desee* que se vayan. Toda actividad cristiana es útil para mantener a los demonios *bajo control*, pero para librarse de ellos hay que *expulsarlos*. Tienen que ser expulsados en el nombre de Jesucristo. Jesús dijo: "En mi nombre echarán fuera demonios" (Marcos 16:17). ¿Puede ser profanado el templo? ¡Claro que sí! Así como los judíos vieron profanar el santo templo de Dios, él ve el nuestro profanado con las cosas que hemos permitido en nuestras vidas.

La mentira que hemos creído es que una vez que confesamos nuestro pecado, los demonios se van. No es así necesariamente. El arrepentimiento y la confesión de pecados cancelan el castigo por el pecado. Sin dudas hemos sido limpiados del pecado, pero ¿se les ha ordenado a los demonios que se marchen? El *permiso* del espíritu demoníaco para estar allí tiene que ser cancelado, pero yo he visto que a menudo no se marchan hasta que se les ordena que lo hagan. Observe que después que el templo fue limpiado vino la sanidad (Mateo 21:14).

Ningún pecado podía entrar al lugar santísimo, significaba algún tipo de muerte el entrar a la santa presencia de Dios con pecado en la vida del sumo sacerdote. Así como el pecado no podía entrar en el lugar santísimo, tampoco los espíritus demoníacos pueden entrar en el espíritu de un creyente. Los contaminadores del templo a los que Jesús sacó del templo no estaban en el lugar santísimo, estaban en el atrio exterior. Así que como puede ver, el asunto no es la posesión. El

177

Mantenga los cerdos fuera de casa

Espíritu Santo posee nuestro espíritu, él es el dueño. Somos comprados, redimidos, comprados por un precio. Profanar el templo implica al alma y la carne. Nuestra mente, nuestra voluntad, nuestras emociones y nuestra carne, aquí es donde los torturadores causan daño. Un templo profanado es un templo atribulado. Un templo atribulado debe ser limpiado por el Señor Jesús. *Limpiado* en este caso implica más que ser perdonado. Es expulsar la causa de la profanación.

Entonces, ¿cómo los sacamos y los mantenemos fuera? Si los espíritus demoníacos están presentes, tenemos que determinar si tienen permiso para estar ahí. El permiso debe venir de Jehová Dios o de nosotros mismos. Los demonios pudieran estar presentes con el permiso del pecado generacional de los antepasados, y si ese es el caso, entonces estos espíritus tienen permiso para estar ahí. El pecado generacional, o de los ancestros, tiene permiso dado por Dios según Éxodo 20:5: "Porque yo soy Jehová tu Dios, fuerte, celoso, que visito la maldad de los padres sobre los hijos hasta la tercera y cuarta generación de los que me aborrecen". Esto es un principio bíblico o la ley, si así lo prefiere usted. Es permiso legal para que los espíritus malignos pasen de una generación a otra.

Recuerde, no es posesión, es opresión y Jesús se ocupó de hacer cosas buenas, de sanar a aquellos que eran oprimidos por el diablo. ¿Tienen permiso para estar? Ese es el asunto. ¿Ha confesado usted el poder del nombre de Jesucristo que rompe maldiciones sobre el pecado generacional? ¿Alguien le ha ordenado a los espíritus que se marchen? ¿Usted no solo se ha arrepentido por la falta de perdón, la ira, la amargura, y pecadores similares sino que también ha ordenado a los espíritus que puedan haber entrado por esa puerta que se marchen?

Es importante que sepa. Mi experiencia ha sido que los espíritus malignos no se marchan hasta que se les ordena que lo hagan. El arrepentimiento cancela el permiso que ellos tienen para estar ahí, pero se marchan cuando se les ordena que lo hagan. Jesús *expulsó* con gran autoridad a aquellos que profanaron el templo. Él nos ha dado autoridad sobre todo poder del enemigo. Mantener el templo limpio es mantener cerradas las puestas que permiten que los demonios entren. Lea cuidadosamente esta afirmación: la presencia del Espíritu Santo no mantiene fuera a los espíritus demoníacos, mantener las puertas cerradas mediante el liderazgo del Espíritu Santo sí lo hace. El hombre tiene la opción de *apagar* o *contristar* el Espíritu Santo. El Espíritu Santo no pelea nuestras batallas; él nos dirige y nos guía, pero siempre respeta nuestra voluntad.

Porque escrito está: Sed santos, porque yo soy santo.

—1 PEDRO 1:16

Porque yo soy Jehová, que os hago subir de la tierra de Egipto para ser vuestro Dios: seréis, pues, santos, porque yo soy santo.

—LEVÍTICO 11:45

¿La palabra *santo* trae pensamientos agradables o desagradables a su mente? ¿Evoca imágenes de personas que afirman ser representantes de un *Dios santo*, pero que sus vidas personales quedaron manchadas con iniquidad? ¿Usted ve personas vestidas de negro y que son extremadamente legalistas en cuanto a cómo es Dios y cómo se le debe servir? ¿Qué viene a su mente cuando alguien hace referencias a la *santidad*?

¿*Fanáticos religiosos* con rostros serios y ropa poco atractiva? ¿Será algún ser humano en Roma que tiene un título? ¿Qué viene exactamente a su mente cuando la Biblia dice: "Sed santos, porque yo soy santo"? Cuando la Palabra de Dios nos dice que seamos como él y que él es santo, ¿qué cree usted que espera Dios?

Para que nuestra vida sea como Cristo esto implica que seamos santos porque Dios es santo. ¿Qué es santidad? Permítame establecer un paralelismo.

Si vamos a ser como Cristo...si vamos a ser como Dios...si vamos a mostrarles a otros a Cristo mediante nuestra vida...¿cómo debemos hacerlo? ¡Dios es amor! Una cualidad absolutamente necesaria en la vida de un creyente, si ese creyente va a ser como Él, es mostrar amor. Es el primero de sus mandamientos: amarlo a él y amar a los demás como nos amamos a nosotros mismo. La imagen de Dios es su Espíritu Santo. Dios es un Espíritu y debe ser adorado en espíritu y en verdad. Así que para ser como Él, su Espíritu debe vivir en nosotros y a través de nosotros. Mire, su Espíritu Santo es Él. Su Espíritu produce amor, podemos limitarlo o desatarlo a plenitud.

Ser santo es ser como Él. Para ser como Él el fruto de su Espíritu tiene que vivir a través de nosotros. Entonces, Dios no solo es amor sino también gozo, paz, paciencia, benignidad, bondad, fe, mansedumbre y templanza. (Véase Gálatas 5:22-23.) Estas son características de Dios y deben ser de aquellos que creemos, no solo con nuestra fuerza sino mediante su Espíritu Santo que vive en nosotros. Dios es gozo. El gozo es santidad. En nuestra sociedad se refleja lo contrario como una característica de Dios. Se ve la santidad como una cara larga que no tiene sentido del humor. Se muestra túnicas negras y semblantes sombríos como algo santo. ¡No es así! Al contrario. La risa y las sonrisas reflejan el gozo. Dios es gozo, pues Dios es amor. Es una imagen clara de cómo debemos ser para ser como Él. No hay tristeza en Cristo, ni ninguna oscuridad en Dios. Dios es gozo. La santidad debe incluir gozo, incluso un gozo que es indescriptible. Así que ser santo como Él es santo implica el otro fruto de su Espíritu Santo. No lo complique. Dios es amor. Dios es gozo y Dios es paz.

Atribulado, caótico, perturbado, oscuro, desesperado, no son ni pueden ser parte de quién es Dios y de lo que Dios espera de nosotros. Dios es paz. Él no solo da paz, Él es paz. Dios es aquello que el fruto del Espíritu describe. Hay un solo Espíritu con *nueve sabores*. El fruto solo puede ser resultado de su fuente. Dios es paz y para ser como Él y para mostrarlo a otros, hay que mostrar paz porque Él es paz. Él es amor, gozo y paz.

Esta paz es paz con Dios y paz con su pueblo, es una paz positiva, llena de bendición y bondad, no simplemente la ausencia de lucha. Podríamos decir que esta paz es una paz del Espíritu Santo porque es una paz superior a aquella que se produce cuando todo está en calma y tranquilo. Esta es la paz de Dios que sobrepasa todo entendimiento.

Dios es paciente. Paciente significa que usted puede tener amor, gozo y paz incluso en un tiempo en el que las personas o los acontecimientos le molestan. Dios no se irrita pronto con nosotros (Romanos 2:4; 9:22), así que no debemos ser prontos para irritarnos con otros.

La paciencia en sí es una obra del Espíritu. Martín Lutero dijo:

"Paciencia es la cualidad que permite a una persona soportar la adversidad, la injuria, el reproche y hace que espere paciente la mejoría de aquellos que le han hecho daño. Cuando el diablo descubre que no puede vencer a cierta persona por la fuerza, trata de vencerla a largo plazo... Para soportar estos ataques continuos debemos pacientes y esperar pacientemente que el diablo se canse de su juego.*

Dios es amor. Dios es gozo. Dios es paz y Dios es paciente. Así que ser santos es ser como Él, su Espíritu debe morar sin restricciones en nuestra vida.

Dios es benignidad y bondad: Estas dos palabras están estrechamente relacionadas. La única diferencia prácticamente es que bondad también implica la idea de generosidad. ¿Puede usted imaginar que Dios no sea *bondadoso* y *bueno*? Lamentablemente la imagen que muchas personas tienen de Dios es la de un juez cruel. Para ser como Dios su Espíritu Santo de benignidad y bondad tiene que vivir a través de nosotros. Dios es amor. Dios es gozo. Dios es paz. Dios es paciente. Dios es bondadoso. Dios es bueno. Y Dios es fiel. Para ser como Él tenemos que tener fe y ser fieles. El Espíritu Santo de Dios obra fidelidad en nosotros, tanto para con Dios como para con las personas. La confiabilidad debe ser una característica de la persona que se rinde al Espíritu Santo de Dios. No puede ser de otra manera. Un hombre puede ser hallado fiel y lleno de fe al ser como el Espíritu Santo de Dios que vive en él.

Entonces, para ser como Dios debemos saber que Dios es amor. Dios es gozo. Dios es paz. Dios es paciente. Dios es bondadoso. Dios es bueno. Dios es fiel.

Dios es manso. Él es gentil. Que tremenda imagen es esta de nuestro santo Dios. En su misericordia y gracia vemos su gentileza. El fruto de su santa presencia solo puede producir gentileza. Dios unge a los humildes y sencillos de corazón. La personalidad enérgica, exigente, brusca es una alerta de la ausencia de semejanza a Cristo.

---

* Martín Lutero, "Galatians Five" [Gálatas cinco], Blue Letter Bible, June 25, 2005, http://www.blueletterbible.org/commentaries/comm_view.cfm?AuthorID=23&conten tID=4758&commInfo=27&topic=Galatians (accedido el 13 de marzo de 2010).]

Mantenga los cerdos fuera de casa

El don que él honra grandemente es la humildad. El deseo de recibir halagos y reconocimiento de parte de los hombres no es lo que Dios tiene en mente cuando dice que seamos santos. Tenemos que ser santos porque Él es santo y su Espíritu Santo vive en nosotros. Dios es amor. Dios es gozo. Dios es paz. Dios es paciente. Dios es bondadoso. Dios es bueno. Dios es fiel. Dios es gentil.

Para ser como Dios tenemos que practicar la autodisciplina que siempre beneficia a los demás. "Templanza" es la palabra que usa la versión Reina-Valera 1960 para este fruto del Espíritu Santo. Dios nunca pierde el control. El autocontrol implica rendirse al Espíritu Santo y estar de acuerdo con la Palabra de Dios. El mundo conoce algo de autocontrol, pero casi siempre es por un motivo egoísta. Conoce la autodisciplina y la negación que una persona soportará por sí misma, pero el autocontrol del Espíritu también obra a favor de otros. Dios es templado. Su presencia fortalece la voluntad de hacer lo correcto. Es enemiga del glotón y el adicto.

Así que para ser santos porque Él es santo se necesita sencillamente rendirse a su presencia en nosotros mediante Jesucristo. Su espíritu nos hace ser como Cristo. Otros espíritus nos hacen ser diferentes de Cristo.

Dios es amor. Dios es gozo. Dios es paz. Dios es paciente. Dios es bondadoso. Dios es bueno. Dios es fiel. Dios es gentil. Dios es templado. El Espíritu Santo es Dios.

> Tuya es, oh Jehová, la magnificencia y el poder, la gloria, la victoria y el honor; porque todas las cosas que están en los cielos y en la tierra son tuyas. Tuyo, oh Jehová, es el reino, y tú eres excelso sobre todos. Las riquezas y la gloria proceden de ti, y tú dominas sobre todo; en tu mano está la fuerza y el poder, y en tu mano el hacer grande y el dar poder a todos. Ahora pues, Dios nuestro, nosotros alabamos y loamos tu glorioso nombre.
> —1 Crónicas 29:11–13

CAPÍTULO 23

PALABRA DE CONOCIMIENTO

Mi PRIMER ENCUENTRO con las *palabras de conocimiento* fue en octubre de 1995. Estaba predicando en la Penitenciaría Federal de Three Rivers, Texas. La prisión de mediana seguridad está más o menos a medio camino entre San Antonio y Corpus Christi, a poca distancia de la carretera interestatal 37. Es un complejo de mediana seguridad que tiene unos 1,400 reclusos. Pero ahí también hay un campo federal. Mi amigo David Pequeno era el capellán allí.

Esa noche hubo algo muy inusual en el servicio de la capilla, un oficial uniformado de la institución estaba sentado entre los reclusos y adoraba con ellos. Eso nunca pasa. Si hay un oficial presente es porque ha sido asignado a la capilla. Es muy inusual que un oficial se mezcle con los reclusos. Yo no había visto esto nunca antes. Me enteré después que no estaba trabajando y que estaba estudiando para convertirse en capellán de prisiones federales. Su nombre era Warren Rabb. Después del servicio le dijo al oficial de guardia que me acompañaría al auto porque quería conversar conmigo.

Se me acercó y estrechó mi mano, y conversamos un poco mientras salíamos del edificio principal. Mientras caminábamos por los terrenos de la prisión recuerdo que la noche estaba fresca y es cielo claro y despejado. Era una de esas *noches perfectas*. El oficial Rabb me contó de su llamamiento al ministerio y de su deseo de ser capellán de una prisión federal. Conversamos un poco más luego de llegar al estacionamiento y después de orar juntos me dirigí de regreso a Corpus Christi, al sur. El oficial Rabb se dirigió a su casa en Beeville, al este. Yo me detuve en una tienda para comprar un refresco y algo de

Mantenga los cerdos fuera de casa

merendar antes de tomar la Interestatal 37. En este viaje visitaría cuatro cárceles y me estaba quedando en Corpus Christi. Cuando me detuve en la estación de servicio de la tienda, el oficial Rabb se detuvo detrás de mí. Antes de poder bajarme del auto, él vino corriendo y me dijo con mucha emoción que Dios le había dado una visión con relación a mí y que *tenía* que contármela. Me dijo: "Le hubiera seguido hasta Corpus para contarle sobre la visión". Estaba tan emocionado que podía sentir y percibir que Dios le había hablado. Esto fue lo que me dijo:

> Lo vi parado en una olla negra grande y a su alrededor había aceite borboteando, no hervía, solo borboteaba. Alrededor de la olla había un mar de personas, hasta donde se perdía la vista, y todos estaban enfermos. El hedor de su enfermedad era nauseabundo mientras subía a los cielos. Entonces el aceite comenzó a bullir y le tapaba, y mientras corría de su cabeza y por sus brazos, y tocaba a las personas, estas quedaban sanadas. Prepárate hermano, ¡Dios está preparando para derramarlo sobre ti!

No puedo describir adecuadamente lo que sentí. Era como si acabara de ser bañando en la gloria de Dios. Mientras él compartía sus palabras conmigo, sentía la presencia del Espíritu de Dios que se movía dentro de mí. Supe que aquellas palabras venían de Dios, pero no sabía qué hacer con las palabras de la visión. Mientras manejaba de regreso a Corpus Christi, las lágrimas humedecían mis ojos constantemente. Había una emoción doblegada en mi espíritu. Le di gracias a Dios muchas veces y gustosamente recibí la unción. Honestamente no sabía cómo procesar todo aquello. Mi capacitación en el seminario no había cubierto esto. Sabía predicar, había visto a miles recibir a Cristo como su Salvador, quizá cien mil o más, pero nunca había visto a nadie sanado ni liberado de los demonios.

En realidad, lo que me habían enseñado era contrario a la palabra que me había dado el oficial Raab. Me habían enseñado que los dones del Espíritu habían muerto con los apóstoles. Me enseñaron

Palabra de conocimiento

que los dones cesarían "cuando venga lo perfecto" (1 Corintios 13:10) y que esto se refería a la Palabra de Dios. Ya que tenemos la Palabra de Dios, entonces no hay necesidad de que los dones del Espíritu funcionen, eso era lo que me habían enseñado. Hoy me avergüenzo de haber estado tan ciego a la verdad bíblica y que tenía tanta influencia de la tradición religiosa que me había perdido algunas de las verdades más grandes. No sabía cómo hacer que esto sucediera. No sabía cómo hacer llamamientos al altar que no fueran para salvación. Luego descubrí que no necesitaba saber. Si usted ha leído *Cuando los cerdos se mudan a casa*, ya leyó este relato. Sin embargo, entiendo que muchos no han escuchado la historia. Ese fue un suceso que cambió mi vida y no puedo decirle que lo entiendo. No obstante, sí puedo decirle que comenzó a suceder y no se ha detenido.

No mucho después de esta increíble experiencia regresé a esa misma zona del estado para predicar en una prisión estatal en Beeville. La unidad del Ministerio de Justicia Criminal de Texas se llama Garza West. Esa noche había unos 500 reclusos en el gimnasio y pudiera decirse que unos dos tercios de los hombres respondieron al llamado al altar. Cuando el servicio terminó los hombres volvieron a sus asientos y fueron llamados a sus alojamientos según la ubicación de los dormitorios. Mientras desfilaban en una sola fila, uno de los hombres se salió de la fila y se acercó al capellán.

Yo me había fijado en este joven durante el servicio. Se sentó en la primera fila y me miraba como si *viera algo*. Tenía una cierta expresión de asombro en el rostro mientras yo ministraba. El capellán lo trajo hasta mí y dijo: "Este recluso tiene una palabra para usted de parte del Señor, algo que el Señor le mostró mientras usted predicaba".

Todavía tenía aquella expresión en su rostro. Él dijo: "Señor, mientras usted predicaba vi algo y sentí que Dios me dijo que le diga algo". Se puso a mi lado y me pidió que extendiera mi brazo hacia donde estaban los asientos ya vacíos. Puso su brazo encima del mío y dijo:

—Dios me dijo que le dijera que así como usted extiende su mano, él extenderá la suya. —Parecía perplejo, como si simplemente me estuviera dando un mensaje—. ¿Usted sabe lo que quiere decir, señor?

—Sí —le contesté—, sí lo sé. Gracias por decírmelo.

185

Mantenga los cerdos fuera de casa

Cuando salí de la prisión esa noche, otra vez parecía como si el Espíritu Santo de Dios me cubriera. Es algo tan danto que es muy difícil contarlo. Otra vez las lágrimas inundaban mis ojos simplemente por la gloria de su presencia. Yo sabía que Dios me había vuelto a hablar y sencillamente no puedo describir la gran lección de humildad que fue para mí.

He experimentado genuinas palabras de conocimiento. Nadie tiene que convencerme de la realidad de este don. La necesidad de discernimiento no era demasiado grande en ninguna de estas *palabras*. Yo sabía. Mi tarea era, y sigue siendo, seguir predicando. Seguir siendo fiel a su Palabra.

Dios le va a dar una casa

Jay McCarley, a quien mencioné antes, es uno de los hombres más acertados que conozco en el campo de las palabras de conocimiento. Supongo que cientos de personas me han dicho lo que ellos denominan "una palabra del Señor" para mí o sobre mí. La mayoría han sido erráticas, superficiales o tan generales que pudieran aplicarse a cualquiera. He aprendido a probar los espíritus al recibir cientos de *palabras* vacías de parte *del Señor*. Aunque muchas de las palabras que he recibido eran falsas, y he visto muchas falsas palabras para otros y de parte de otros, existe un verdadero don del Espíritu Santo que es legítimo en el cuerpo de Cristo. Esta historia sobre Jay es un ejemplo de ese don legítimo.

Hace unos años Jay me pidió que lo acompañara en un viaje de negocios a Las Vegas. No quería ir solo y dijo que me pagaría el viaje solo para que lo acompañara. Cuando estuvo de acuerdo con llevar sus palos de golf, yo dije que iría. Jugamos golf un día en que había 114 grados de temperatura (45.5 grados celsios). Está claro que eso no es lo que quiero contar.

En el vuelo hacia allá teníamos una fila de asientos para nosotros solos. Jay estaba junto a la ventana y yo en el asiento que da al pasillo. Como a mitad de camino se inclinó sobre el asiento vacío que había entre los dos y dijo: "Don, Dios te va a dar una casa". Dijo con una gran sonrisa en su rostro: "Será más allá de tus expectativas y en un plazo de dos años".

Bueno, no recuerdo lo que dije pero sí recuerdo que pensé: "¿Cómo va a ser esto?". ¿Me pongo emocionado? ¿Empiezo a tratar de hacer que suceda? ¿Cuál es mi responsabilidad en eso? Simplemente lo archivé.

No habían pasado dos años cuando Jay estaba ministrando conmigo en Houston. Tuvimos una "Noche de ministración" en Tomball, Texas, un sábado en la noche. Antes de que empezara el servicio él se me acercó y me dijo: "¿Te acuerdas aquella palabra que te di en el avión cuando íbamos para Las Vegas? ¡Va a empezar esta noche!"

Yo pensé: "¿Alguien aquí en Houston me va a dar una casa?" También archivé esa *palabra*.

Nos quedamos en Houston el domingo para ministrar liberación a muchas personas y manejamos de regreso a Dallas-Fort Worth el lunes.

El martes nuestro hijo menor y su esposa vinieron a visitarnos de Plano. Él había comenzado su consultorio de neurocirujano, luego de muchos años de preparación. Tenía treinta y ocho años y estaba en la escuela desde que tenía cinco años. Ahora tenía su propia consulta y comenzaba a ejercer como neurocirujano. Nosotros habíamos vivido en nuestra casa durante cuarenta años. Él nació allí. Él y su hermano crecieron allí. Durante su visita dijo: "Papá, antes de que Paula y yo nos compremos cualquier cosa, ¡queremos comprarte a ti y a mamá una casa nueva!".

Hoy vivimos en esa casa. Es linda. Vivimos en una comunidad pequeña, con seguridad, que tiene tres lagos para pescar, senderos para caminar y está justo detrás de un parque. Es perfecta. Somos bendecidos. Le cuento esto para animarle. Los dones del Espíritu son genuinos, válidos. Por favor no sea culpable de imitar ni confundir a otros, y no se deje embaucar con palabras falsas.

Tonterías espirituales: ¡Hombre, por favor!

Uno de mis juegos favoritos se llama "Balderdash" [Tonterías]. Un juego que produce muchas risas, se juega con palabras escritas en unas tarjetas que tienen significados del diccionario, pero prácticamente nadie conoce la definición. No voy a explicarle el juego, es probable que usted lo conozca de todos modos. El juego implica muchos engaños, como el que estoy a punto de tratar. La palabra *balderdash* en realidad se define como: "conversación o escritura sin sentido". En mi opinión creo que existe un sector de la cristiandad que ha adoptado doctrinas de la carne que pudieran describirse muy bien como *tonterías espirituales,* cosas sin sentido.

Permítame darle un ejemplo. Un predicador dice: "Dios me dijo que hay cien personas que deben dar mil dólares". Eso es absurdo, es necedad, no tiene sentido, es una tontería, está mal. Esta es la verdad. Si cien personas me envían mil dólares cada una, yo tendré cien mil dólares. Eso es verdad. Un predicador puede haber llegado a la conclusión de que una manera de recaudar cien mil dólares que cien personas donen mil dólares cada una, pero decirlo como se hace generalmente es una tontería espiritual. Los predicadores necesitan arrepentirse de esto. Está mal.

¿Qué quiere decir usted cuando dice: "Dios me dijo…"? ¿Entiende usted que se trata de una tremenda afirmación? *Dios* me dijo. ¿Le llamó él a su presencia? ¿Fue usted llevado a los lugares celestiales? ¿Le llamó por su nombre? ¿Le envió un ángel con un mensaje especial? ¿Le llamó por teléfono? ¿Vino a su habitación y le dio una palabra aparte de la Palabra de Dios? Muchas de las afirmaciones "Dios me dijo…" que usted puede escuchar en la iglesia hoy son sencillamente pretenciosas y presuntuosas.

El Espíritu Santo vive en cada creyente y parte de su función es dirigirnos y guiarnos a toda verdad. Él camino a nuestro lado y nos consuela y nos anima. Los santos ángeles de Dios ministran por nosotros. Podemos comunicarnos con Dios mediante la oración y tenemos una invitación para llegar directamente a su trono. ¡Qué relación tan maravillosa tenemos y qué provisión se ha hecho para nosotros! La presencia del Espíritu Santo nos condenará y nos eclipsará, a menudo su propia presencia producirá lágrimas y oleadas de paz. Pero por favor no sea pretencioso ni presuntuoso. No sea culpable de confundir a otros con "Dios me dijo…". Tal vez una manera más gentil y más precisa de decirlo sería: "Sentí en mi espíritu que Dios estaba diciendo...". Yo solo quiero lo que es real y me perturba mucho lo falso. Si usted es un profeta verdadero, entonces lo que usted dice es verdad. Pero si usted se llama a sí mismo *profeta* y lo que dice es falso, eso le convierte en un *falso profeta*. No nunca me sentaría a discutir con usted, pero pondría sus palabras a prueba.

> Amados, no creáis a todo espíritu, sino probad los espíritus si son de Dios; porque muchos falsos profetas han salido por el mundo.
> —1 Juan 4:1

¿Es el don de profecía un verdadero don del Espíritu Santo de Dios? La Biblia dice que lo es (1 Corintios 12:10). Si es un don legítimo y válido, entonces ciertamente será parte de las estratagemas de los demonios imitarlo y engañar a través de este.

> De manera que, teniendo diferentes dones, según la gracia que nos es dada,(A) si el de profecía, úsese conforme a la medida de la fe.
> —Romanos 12:6

Si usted quiere abrir su vida a los engaños demoníacos, una manera segura de hacerlo es abusar del don de profecía al decir que tiene una "palabra del Señor" cuando lo único que tiene son sus propias palabras falsas. Esta noticia acaba de llegar del cielo: No lo haga. Durante la temporada de fútbol americano, un programa del canal ESPN muestra un segmento que se llama "¡Hombre, por favor! [C'mon, man!]. En realidad simplemente están riéndose de algún aspecto de los juegos de la semana anterior. No puedo evitar pensar esto cuando pienso en las *tonterías espirituales* que encontramos hoy día: "¡Hombre, por favor!!"

CAPÍTULO 24

PONGA ALABANZA EN SU ROSTRO

Cambie su forma de ver: su forma de verse a sí mismo. Cómo usted se ve. La manera en que otros le ven. La manera en que usted ve a Dios. La manera en que Dios le ve.

¿Por qué te abates, oh alma mía,
Y por qué te turbas dentro de mí?
Espera en Dios; porque aún he de alabarle,
Salvación mía y Dios mío.

—SALMO 43:5

¿Estaría usted de acuerdo con que le aguantamos mucho al diablo? Observe el versículo anterior. ¿Por qué estoy tan abatido, deprimido, ansioso y desalentado? ¿Por qué aguanto esto cuando conozco de dónde viene y también se quién es mi ayuda y quién me da la salud? Conozco al que cambia mi rostro, y sé que la alabanza trae su presencia. ¿Por qué no hacer algo para cambiar las cosas?

La versión inglesa King James usa la frase "quien es la salud de mi semblante". La palabra *semblante* significa literalmente la manera en que otras personas nos ven; es nuestro rostro o nuestras expresiones faciales. Semblante es la apariencia que transmite el rostro. Curiosamente, nuestro semblante es un buen indicador de lo que sentimos por dentro. La gente deprimida por lo general se ve deprimida.

Ahora bien, no estoy diciendo que toda depresión sea obra de los demonios, pero estoy diciendo que ninguna depresión es obra de Dios. Hay situaciones y circunstancias que producen depresión y sentimientos de abatimiento y desesperanza; es probable que la depresión tenga causas físicas e incluso nutricionales. Sin embargo, muy a menudo es obra de los demonios cuando hemos creído su mentira. Eso no quiere decir que Dios no pueda ministrarle cuando usted esté deprimido y que no puedan aprenderse lecciones que cambien la vida sino que estoy diciendo que a menudo ¡se lo *aguantamos* a los demonios sin dar la pelea! No sea un *aguantón*. No reciba un alma *abatida* y *turbada*. La palabra *turbada* significa ansiosa, con un temor irracional.

¡Reprenda, rechace, resista! Todas las mentiras se cancelan con la verdad. Si usted ha creído la mentira de los demonios, debe eliminar el poder de esa mentira al decir la verdad, creer la verdad y actuar en base a la verdad.

No sea un *aguantón* pasivo, sea un *resistidor* positivo. Si usted ha creído lo que se ve en la superficie, decida creer lo que aparece en lo sobrenatural. Llame lo que no es como si fuera y lo que es como si no lo fuera. Hable verdad y fe en su situación. Es interesante que la Palabra de Dios nos dice qué tipos de pensamientos debemos considerar. La primera mención es *verdad,* como lo señala Pablo en Filipenses 4:8:

> Por lo demás, hermanos, todo lo que es verdadero, todo lo honesto, todo lo justo, todo lo puro, todo lo amable, todo lo que es de buen nombre; si hay virtud alguna, si algo digno de alabanza, en esto pensad.

Creer una mentira o contemplar un temor irracional es una incitación a un alma abatida. Es permiso para que los demonios atormenten. Escoja morar en la verdad y en las cosas que son honestas, justas puras, amables, de buen nombre, virtuosas y dignas de alabanza. Escoja pensar en estas cosas y el Dios de paz estará con usted.

Una de las cosas más notables que veo en el ministerio de liberación es *un cambio de semblante*. El ministerio de liberación es el aspecto más real del cristianismo que yo haya experimentado jamás. El cambio de semblante ocurre cuando los demonios son expulsados por la verdad y la autoridad del nombre de Jesucristo. Yo literalmente veo a la gente llegar de una manera y marcharse de otra. Podría contarle muchas historias, tal vez lo haga en otro momento. La paz, el poder y la presencia del Espíritu Santo pueden fluir en la persona una vez que se han destruido los derechos de los demonios. Por cierto: "Para esto apareció el Hijo de Dios, para deshacer las obras del diablo" (1 Juan 3:8). Denunciar sus mentiras y creer la verdad de Dios es el proceso para liberación que uso en mi ministerio, y siempre es el proceso bíblico dondequiera que usted esté. Es así como se produce la liberación. El alma abatida y el semblante inquieto se eliminan mediante la obra de la cruz y el poder de la resurrección que tiene el evangelio.

Jesús es salud para nuestro semblante. Hable su Palabra, que es verdad, en su vida. Cambie su forma de ver: su forma de verse a sí mismo, cómo usted se ve, la manera en que otros le ven, la manera en que Dios le ve.

La alabanza es una invitación para que el Espíritu Santo le envuelva y more en usted donde usted se encuentre.

Pero tú eres santo,
Tú que habitas entre las alabanzas de Israel.

—Salmo 22:3

Alabad a JAH, porque él es bueno;
Cantad salmos a su nombre, porque él es benigno.

—Salmo 135:3

Es correcto decir que la alabanza produce un semblante agradable y saludable. No le aguante nada al diablo y a sus demonios. La alabanza les hace huir. La presencia de Cristo produce amor, gozo, paz, paciencia, benignidad, fidelidad y autocontrol. Le prometo que su presencia cambiará su apariencia. Su presencia es salud para su semblante.

Alguien dijo: "Déle el infierno al diablo". No, ese es el trabajo de los demonios, ¡déle el cielo! Recuérdele todo lo que es santo, justo y verdadero. Eso es lo que atormenta al diablo.

Mantenga los cerdos fuera de casa

Saltos de alegría de Jesús

Volvieron los setenta con gozo, diciendo: Señor, aun los demonios se nos sujetan en tu nombre... En aquella misma hora Jesús se regocijó en el Espíritu, y dijo: Yo te alabo, oh Padre, Señor del cielo y de la tierra, porque escondiste estas cosas de los sabios y entendidos, y las has revelado a los niños. Sí, Padre, porque así te agradó. Todas las cosas me fueron entregadas por mi Padre; y nadie conoce quién es el Hijo sino el Padre; ni quién es el Padre, sino el Hijo, y aquel a quien el Hijo lo quiera revelar.

—Lucas 10:17, 21–22

Vea la emoción de los versículos anteriores. ¡Los setenta regresaron con gozo! ¡Y Jesús se regocijó en el Espíritu! Era como un equipo que se reúne luego de una gran victoria y el entrenador está felicitando al equipo por su buen trabajo.

Cuando usted lee Lucas capítulo 10 puede ver que Jesús envió a setenta hombres para que fueran en su nombre. Él asignó treinta y cinco equipos de dos hombres para que fueran delante de él en cada ciudad y lugar a los que él fuera a ir. El relato paralelo en Mateo 10:1 dice: "Entonces llamando a sus doce discípulos, les dio autoridad sobre los espíritus inmundos, para que los echasen fuera, y para sanar toda enfermedad y toda dolencia". Él dio autoridad a sus doce discípulos y luego a setenta *novatos, bebés* si así lo prefiere, para que expulsaran demonios y sanaran todo tipo de enfermedades.

Observe que cuando los treinta y cinco equipos regresaron de sus tareas, regresaron con *gozo* diciendo: "Señor, aun los demonios se nos sujetan en tu nombre". La Biblia indica que ellos estaban eufóricos. Era un gozo incontenible. Se reflejaba *en todas sus caras*. Me pregunto cómo expresaron ese gozo. Recuerdo vívidamente cómo expresé el gozo sobrenatural la primera vez que lo experimenté en Kingston, Ontario, Canadá. Yo pudiera llevarle al lugar preciso, en el último escalón de la Prisión Federal para Mujeres en Kingston, Ontario. Acababa de ministrar en mi primera liberación. Di órdenes a los demonios en el nombre de Jesús *y ellos obedecieron*. Una mujer atormentada fue liberada.

Salí de aquella prisión, me detuve en el último escalón de la entrada de la prisión, lancé la Biblia que tenía en mi mano derecha por encima de mi cabeza y dije: "Sí, en el nombre de Jesús, ¡sí". ¡Me fui con gozo! Estoy bastante seguro de saber lo que estos hombres sintieron cuando regresaron a Jesús.

Yo conozco el gozo de participar con el Espíritu Santo y de ejercer el nombre de Jesucristo contra demonios, enfermedades y padecimientos. Pero me preguntó ¿qué estaba sintiendo Jesús cuando la Escritura dice que Jesús se regocijó en el Espíritu con el informe de ellos?

"En aquella misma hora Jesús se regocijó en el Espíritu". Aquí Jesús está genuinamente emocionado. El griego antiguo dice literalmente *estaba estremecido de alegría*. Dios se deleita en usar lo débil y lo menospreciado de este mundo para avergonzar a los sabios (1 Corintios 1:27-29).

La palabra del griego antiguo para *regocijó* significa "referirse a una alegría y alborozo excepcional". ¿Cree usted que pudiera ser el equivalente de los *saltos de alegría* de un atleta cuando experimenta la victoria? Yo creo que fue algo así.

El gozo de Jesús le hace prorrumpir en oración. Él alaba a Dios el Padre por su sabiduría, por su plan y por su relación única con Dios el Padre: "Yo te alabo, oh Padre". Cuántas veces yo he dicho: "Gracias, gracias, ¡gracias!" por el gozo de ver a las personas liberadas y sanadas por la autoridad de su nombre. Es la respuesta que debe producirse. Mire, yo siempre estoy consciente de que las cosas que veo y experimento en este ministerio simplemente *me han sido reveladas,* que yo no califico como sabio y prudente sino que soy un *bebé* ante sus ojos. No quisiera que fuera de otra manera.

Yo creo hoy que Jesús se regocija cuando actuamos en su nombre y creemos su Palabra. Tal vez Él dé un salto de alegría o un choque de cinco con los ángeles cuando los cristianos actúan por la fe en su Palabra. Los ángeles sí dan choques de cinco cuando las personas aceptan a Cristo; hay gozo en el cielo cada vez que un pecador se arrepiente.

Alegrarse es una palabra muy débil. Es *regocijarse en espíritu*. *Regocijarse* significa mostrar gozo triunfante. Jesús dio una expresión visible a sus emociones inusuales y las palabras "en espíritu" tienen la intención de transmitir al lector la profundidad de sus emociones. Este es uno de esos casos raros en los que el velo se levanta del hombre interior del Redentor. Nosotros, como los ángeles, podemos *mirarlo* por un momento (1 Pedro 1:12). Al mirar esto con asombro reverente, y al percibir qué fue lo que produjo dicho éctasis, también encontraremos que se levanta en nuestros corazones cierto regocijo en nuestros espíritus. Creo que veo una sonrisa desenfrenada y una expresión de victoria que pudiera ser vista como un salto de alegría de Jesús. *Regocijarse*, recuerde, es mostrar o sentir un júbilo triunfante. Los treinta y cinco equipos de novatos habían obedecido su Palabra, y los demonios habían obedecido sus órdenes. Jesús no solo está complacido, ¡se regocijó! Él siente el triunfo y lo muestra.

Me gusta la imagen que veo aquí. Jesús se regocija y el Padre se regocija. Mi deseo es producir regocijo en Jesús y en el Padre. Uno produce el otro. Este proceso, dijo Jesús, "agradó" al Padre. Si hace que Jesús se regocije y agrada al Padre, ¿por qué no hacerlo en la iglesia de hoy? Jesús se aseguró de que los setenta no se regocijaran en lo incorrecto. Él básicamente dijo: "Ustedes tienen poder sobre los demonios porque yo se los di, no pierdan de vista por qué tienen tal autoridad". Nosotros estamos en Cristo y Cristo está en nosotros. Hemos sido comprados por sangre y enseñados en la Palabra. Somos redimidos y es por eso que podemos andar por fe. Regocijarnos en nuestras victorias lleva a decir: "Te alabo, Padre", como pasó con Jesús en Lucas 10:21. ¿Avergüenza a los sabios? Decida usted. La autoridad como creyente no se recibe ni se comprende mediante instrucción y logros. En realidad ni siquiera se descubre, es *revelada*. No está escondida, simplemente no puede verse con ojos carnales.

CAPÍTULO 25

DIOS ENVÍA ÁNGELES

De acuerdo a las Escrituras, Pablo se dirigió a Roma en su último viaje. En esta ocasión él era huésped del gobierno, era prisionero de Roma. Algunos historiadores creen que viajó después de este viaje a Roma, pero no se menciona en las Escrituras. Se cree que Pablo fue decapitado aproximadamente en los años 64 o 65 durante el reinado de Nerón. Sin lugar a dudas Pablo es uno de los grandes héroes de la Biblia. Él cumplió con lo que parece ser el requisito mínimo para ser llamado apóstol: había visto personalmente al Cristo resucitado. Él no se autoproclamó ni se promovió a sí mismo.

Desde el punto de vista de la evidencia histórica, el relato del viaje de Pablo y de su naufragio, que parece en el libro de Hechos, está apoyado por detalles en abundancia. Después que los viajes misioneros del apóstol concluyeron, él fue arrestado en Judea, sometido a juicio y luego transportado a Roma como prisionero. Hay mucha información, aparte de los relatos bíblicos, que apoyan esta travesía increíble. La tormenta y el subsiguiente naufragio parecen un guión de Hollywood.

Yo quiero explorar algo más. ¿Por qué el apóstol y sus amigos no entablaron una guerra espiritual para detener la tormenta y las condiciones amenazadoras?

Aristarco y Lucas estaban con Pablo. Se les permitió viajar con él, pero Pablo estaba bajo custodia. Ellos abordaron el barco que se dirigía a Asia Menor y sin dudas los guardianes romanos de Pablo esperaban cambiar de barco allí y dirigirse a Roma. Este viaje no era nada corto y no carecía de complicaciones. Sin embargo, es interesante que no se mencione que Pablo atara a los principados del Mediterráneo ni

Mantenga los cerdos fuera de casa

nada semejante en este viaje angustioso. De seguro que ellos oraron, porque Pablo estaba convencido en su espíritu que el peligro era inminente. Él les aconsejó que no fueran en dirección a la tormenta.

> Y habiendo pasado mucho tiempo, y siendo ya peligrosa la navegación, por haber pasado ya el ayuno, Pablo les amonestaba, diciéndoles: Varones, veo que la navegación va a ser con perjuicio y mucha pérdida, no sólo del cargamento y de la nave, sino también de nuestras personas. Pero el centurión daba más crédito al piloto y al patrón de la nave, que a lo que Pablo decía.
>
> —Hechos 27:9-11

Ellos viajaban en una nave grande. Era como un barco egipcio para transportar cereal, posiblemente los barcos más grandes de aquella época. Muchos creen que se podía comparar con los barcos del siglo diecinueve. Había 276 pasajeros, además de mucha carga. Al parecer Pablo estaba presente en el debate de si era seguro o no viajar. Él dio su consejo y su percepción, les advirtió que navegar llevaría al peligro. El centurión a cargo consideró todos los consejos y decidió ignorar la advertencia de Pablo.

En este momento no parece que Pablo les hablara como si viniera del Señor. Su advertencia no incluyó: "El Señor dijo...". Lucas y Aristarco no habían dado sus opiniones. De seguro los tres habían orando por la situación. Estaban a punto de quedar atrapados en una tormenta en el mar que duraría dos semanas. Dos semanas en las que el viento y las olas golpearían al punto de la muerte.

> Pero no mucho después dio contra la nave un viento huracanado llamado Euroclidón. Y siendo arrebatada la nave, y no pudiendo poner proa al viento, nos abandonamos a él y nos dejamos llevar.
>
> —Hechos 27:14-15

¿Sujetar la tormenta?

¿La oficina meteorológica pondría nombres a las tormentas en aquel entonces? ¿Qué es Euroclidón? En realidad era un nombre para describir a un viento tormentoso del norte o del noreste en la zona del Mediterráneo donde ellos se encontraban. Recuerde que no estaban en un bote de remos y que los marineros eran profesionales. Ningún barco navegaba por el mediterráneo en invierno. Tenían la opción de quedarse en Buenos Puertos en la isla de Creta, que no era un buen puerto para el invierno, o tratar de llegar al puerto de Fenice más al oeste. Nunca llegaron y al final naufragaron en la isla de Mileto, o Malta en los tiempos modernos. Esto está a unas sesenta millas (96 kilómetros) al sur de Sicilia, y la isla solo tiene diecisiete millas (27 kilómetros) de largo y nueve millas (14 kilómetros) de ancho. Su decisión de tratar de llegar a Fenice no fue buena. Debido a la demora de la estación, enfrentaban la posibilidad de que la nave pudiera naufragar por los vientos contrarios.

Esta parecía la oportunidad perfecta para entablar una guerra espiritual. Solo sujetar al Euroclidón, detener las actividades en los cielos que pudieran tener efectos negativos en la tierra. No lo hicieron. No conozca a ningún creyente en la Escritura más calificado para hacerlo que el apóstol Pablo. Jesús detuvo las tormentas. Pablo no lo hizo. Pablo sí tuvo confirmación de parte de un ángel de Dios de que estarían a salvo en la tormenta, ¡pero el ángel no detuvo la tormenta! Yo creo que aquí hay gran información para los creyentes.

Algunas personas dicen que en Mateo 8 Jesús reprendió a sus discípulos por no tener fe para detener la tormenta en el mar. Él les dijo luego de calmar al viento y las olas: "¿Dónde está vuestra fe?" (Lucas 8:25). Recuerde, la fe solo puede ponerse en lo que Dios ha dicho. ¿Cuál podía ser su medida de fe? Él había dicho antes: "Pasemos al otro lado del lago" (v. 22). Esa es la reprimenda por no tener fe. ¡Él les había dicho que irían al otro lado! Está claro que no los regañó por no detener la tormenta sino por no creer que llegarían al otro lado.

Mantenga los cerdos fuera de casa

Y les dijo: ¿Dónde está vuestra fe? Y atemorizados, se maravillaban, y se decían unos a otros: ¿Quién es éste, que aun a los vientos y a las aguas manda, y le obedecen?

—Lucas 8:25

Durante la tormenta del mar Mediterráneo la fe de Pablo tenía que estar en el hecho de que él iba a Roma. Fíjese en lo que dijo: "Oigan, debieron haberme escuchado. En qué lío nos han metido ahora". (Hechos 27:21.) Por lo general nuestros líos se crean con nuestra desobediencia. Pablo les recordó a ellos, y a nosotros, que no estarían enfrentando la furia de la tormenta si al principio hubieran tomado decisiones piadosas.

Yo no sé en qué tormentas usted pueda haber estado. Estas pueden producir mucho temor cuando los truenos y los rayos lo rodean. Estoy hablando de tormentas reales, no de una parábola sobre las dificultades de la vida. Estoy hablando de tormentas en las que el viento es tan feroz que incluso su sonido asusta. Pablo y aquellos marineros habían enfrentado esta tormenta durante catorce días. Ni luna ni estrellas. Solo oscuridad y amenazas feroces. Dos semanas de olas que golpeaban la nave arriba y abajo en el mar sacudido por la tormenta. Esto seguro de que muchos estaban mareados. Dudo que hubieran podido dormir o descansar mucho. No había muchas esperanzas de sobrevivir. De hecho la Biblia dice: "Habíamos perdido toda esperanza de salvarnos" (v. 20).

¿Por qué este gran apóstol simplemente no lo sujetó todo y le ordenó que se detuviera? ¡Porque no es así! Conocer la verdad en estas situaciones es vital para pasar por ellas. Usted se sentirá fracasado si trata de tener o de derrocar a los principados y potestades celestiales; puede que sienta que Dios le ha fallado.

Yo no sé si hubo demonios involucrados directamente en estas tormentas, las tormentas se producían todos los años y cada vez que las condiciones atmosféricas lo permitieran. Los navegantes tomaron una mala decisión y ahora estaban cosechando las consecuencias. Fue una decisión desacertada. No escucharon la advertencia. Aunque Pablo no dijo: "Dios me dijo que les dijera que no fueran", su consejo piadoso para ellos fue: "No vayan". Se metieron en un lío porque no escucharon el consejo piadoso. Ahora estaban haciendo todo lo que podían para salir del mismo.

Dios envía un ángel

Debemos tener una comprensión bíblica para saber cuándo orar y cuáles son nuestros privilegios en la oración. La Palabra de Dios nos dice que oremos *por* la paz de Jerusalén, no *en contra* de los principados demoníacos que están sobre Jerusalén. Existe una gran diferencia. Si usted enfrenta una verdadera tormenta, no una tormenta en sentido figurado, su oración debe ser por seguridad y no para sujetar poderes demoníacos que pudieran estar dirigiendo la tormenta. Es como orar en contra de la gravedad o de alguna otra ley natural que Dios ha instituido. Cuando los elementos de la naturaleza se unen, crean algo basado en las leyes de Dios. Sin dudas que los demonios saben cómo hacer pasar algunas de esas cosas. Pablo no oró en contra de nada de esto. Él le pidió a Dios al respecto, *y Dios le envió un ángel*. Es interesante que el ángel fue llamado donde Pablo estaba y vino directamente a él.

El ángel no detuvo la tormenta. En cambio, vino en medio de la tormenta y le aseguró a Pablo que los ángeles se encargarían de su seguridad. Si tuviéramos autoridad para detener al diablo, ¿entonces por qué no lo hacemos? ¿Cómo hubiera orado usted en la situación de Pablo? La próxima vez que el cielo se oscurezca y el canal del tiempo anuncie que viene una tormenta en su dirección, me refiero a una nube oscura, pesada y feroz, piense en lo que Pablo no hizo. Él nunca se salió de su marco de autoridad.

Dios envía ángeles. Este ángel vino con un mensaje de seguridad y esperanza. Pablo no alardeó de saber los eventos que vendrían porque era profeta. Más bien los animó en que a pesar de todo estarían a salvo. En medio de la desesperación de la situación, Pablo pudo elevar una oración a Dios y Dios pudo enviarle un ángel.

La nave se zarandeaba con los vientos y las olas, saltaba y chapoteaba por la violencia extrema de la tormenta, y sin embargo, el ángel de Dios encuentra la manera de llegar a la misma. Dios sabe dónde usted se encuentra y cómo llevarle a un puerto seguro. Estoy seguro de que los demonios involucrados en las vidas de aquellos que estaban a bordo estaban *aumentando* el miedo. No hay tormenta que pueda poner trabas a la gracia de Dios y su misericordia para con su pueblo, porque Él es nuestra ayuda en tiempo de necesidad. Se nos invita a llegar atrevidamente a su presencia. Oramos mejor cuando entendemos nuestra impotencia y podemos expresar nuestra dependencia de Dios. Existe una gran diferencia en *apoyarnos* en su Palabra fiel y actuar de una manera atrevida tontamente. Pablo nunca dio órdenes a los poderes demoníacos en los lugares celestiales. Pablo sabía que no tenía autoridad en esa esfera. Él confiaba en Dios y animaba a los hombres.

Viaje sobrenatural

Mis primeros recuerdos son buenos recuerdos. No recuerdo sentirme perdido o no amado alguna vez. Siempre sentí que conocía a Dios, aunque no sabía nada de Él. Siempre me sentí conectado mucho antes de que fuera salvo. En realidad no sé cómo explicarlo. Simplemente no recuerdo no sentirme amado por Dios o que yo no lo amara a él. No fue hasta que tuve doce años que invité a Cristo a mi vida, pero incluso entonces creo que fue la primera vez que entendí que necesitaba ser salvo. Lo hice en el mismo momento que el Espíritu Santo me declaró culpable.

Recuerdo que lloré todo el día a partir del momento que fui salvo. Regresé a la iglesia esa noche para ser bautizado y las lágrimas comenzaron otra vez. No sabía por qué, pero podía sentir que algo estaba sucediendo en mi vida. Supongo que en realidad nunca me he sorprendido cuando veo a Dios obrar en mi vida. Asombrado tal vez, honrado siempre, pero es como si siempre lo hubiera conocido.

Ahora bien, usted no pudiera haberme dicho cuando yo entregué mi vida para predicar que lo haría en cárceles. ¡Yo pensaba que sería el próximo Billy Graham! De ninguna manera yo hubiera creído que un día estaría hablando de ángeles y demonios o que se me permitiría

Dios envía ángeles

participar en la sanidad de las personas y ver vidas cambiadas al echar fuera demonios. La primera experiencia que tuve con lo sobrenatural fue cuando tenía treinta y tanto años.

Mi hijo mayor, Donnie, conoció a Jesús cuando tenía ocho años. Él estuvo expuesto al evangelio más que cualquier niño promedio de ocho años, pero confió en Jesús porque entendió que era un pecador y que Jesús era el salvador. Vino a Cristo al igual que cualquier otra persona que nace de nuevo. Todo el que se salva hoy lo hace de la misma manera. Estoy orgulloso de mi hijo Donnie. Él aprendió a amar a Jesús a una edad temprana, y siendo alumno de tercer grado, llevó a varios a amigos, y luego a sus familias, a conocer a Jesús. Me alegra que él creciera amando a Jesús y hablando de él a otros.

Mis dos hijos fueron los típicos muchachos, con tres años de diferencia. Jugaban fútbol americano, baloncesto, pelota y hasta peleaban entre sí de vez en cuando. Lo que quiero que usted comprenda es que lo que estoy a punto de contarle, le sucedió a un típico chico de siete años, mi hijo menor, Robby. Robby es ahora neurocirujano, pero cuando esto sucedió estaba en segundo grado.

—¡Papá, vi un ángel, de verdad!

Robby, nuestro hijo menor, se había salvado hacía un año más o menos cuando esto sucedió. Él, al igual que su hermano mayor, confió en Jesús a una edad temprana. No fueron instigados. Vinieron a Jesús convencidos por el Espíritu Santo.

Recuerdo un miércoles en la noche que había obreros en nuestra casa, y yo me preparaba para salir para la iglesia. Me disculpé, pero antes de salir Robby vino y me dijo:

—Papá, ¿puedo ir contigo? —Él no había cenado y debido a las circunstancias, le dije que se quedara en casa con su madre y su hermano—. Espera, papá, voy a salir al patio, debajo de aquel árbol, para leer mi Biblia. ¿En dónde habla de mis ángeles?

Yo pensé un momento y le dije que leyera Mateo 18. Él solo tenía siete años y apenas podía leer, pero salió con su Biblia mientras yo me iba. Después de la iglesia varias personas querían conversar, algunas tenían problemas y otras solo hablaban. Era mucho después de la hora de Robby irse a la cama cuando por fin llegué a casa, pero él estaba

203

despierto y esperaba. Había hablado con su mamá para dormir conmigo porque "quería conversar".

Yo podía percibir una fuerte presencia de Dios. Robby y yo nos fuimos a la cama. Las luces estaban apagadas y mi esposa y mi otro hijo estaban dormidos en otra habitación. Le pregunté a Robby de qué quería conversar.

—Papá, ¿alguna vez has visto un ángel? —Le contesté que no, que nunca—. Yo vi un ángel, papá, ¡de verdad! Vi dos. Mientras estaba leyendo la Biblia debajo del árbol le pedí a Dios que si podría dejarme ver *mis ángeles* ¡y lo hizo!

Esto me tomó por sorpresa y comencé a preguntar con cautela. Él percibió la duda en mis preguntas y empezó a llorar. A través de sus lágrimas dijo:

—Yo sabía que más nadie en el mundo me creería, pero pensé que tú sí. —Luego dijo—: Papá, están ahí, están en la habitación ahora mismo.

Yo no veía nada, aunque había luz suficiente como para ver las puertas y las ventanas. Sin embargo, sí sentí una presencia asombrosa de Dios. Le expliqué a Robby que no podía verlos, pero le aseguré que yo creía que él sí podía verlos. Le pregunté dónde estaban y dijo que uno estaba parado en la puerta y el otro justo a su lado. Tuve cuidado de no poner palabras en su boca, pero le pregunté si eran pequeños como las imágenes que él pudiera haber visto.

—Oh, no, papá. Son más grandes que tú. Son más grandes que la puerta. —Le pregunté si tenían el cabello largo y rubio y parecían mujeres porque pensé que tal vez él hubiera visto pinturas así—. No, señor, uno tiene el cabello oscuro y el otro rubio, pero es corto, y no son niñas, son hombres.

Me daba cuenta cada vez más de que Dios le estaba permitiendo ver lo que millones de cristianos nunca llegan a ver. Robby no tenía miedo ni estaba sorprendido.

—Yo simplemente sabía que Dios me dejaría verlos porque Él sabe cuánto lo amo y cuánto yo quería ver *mis ángeles*. —Le pregunté si podía describírmelos y sin dudas ni premeditación él dijo—: El que está en la puerta es grande y tiene el cabello rubio corto y se parece al

Dios envía ángeles

tío Dick, el de Georgia. Tiene o dos alas grandes o seis chiquitas, no estoy seguro. Está un poco nublado, pero yo creo que tiene tres alas a cada lado, como que le tapan los brazos y tiene un libro negro en la mano derecha. Nada en la izquierda. —Le pregunté si tenía un vestido y Robby dijo—: No, tiene ropas blancas muy brillantes, como las que usan los soldados [romanos] en las películas. El cinturón es blanco brillante.

Le pregunté si podía ver los pies del ángel. Él se levantó en la cama y dijo:

—Sí señor, tiene sandalias amarradas en las piernas. —Le pregunté por el ángel que estaba a su lado y se rió un poquito emocionado—. Se parece a mí, papá, solo que su cabello es oscuro y es un hombre.

Me preguntó si ellos jugarían con él y le dije que no, que Dios los enviaba para que lo cuidaran y lo protegieran. Le dije que ellos solo querían que él adorara a Dios.

—Cada vez que tú dices *Jesús* o *Dios,* ellos te miran y sonríen —dijo Robby. —Le pregunté si podía describirlos más—. Sí, él tiene o dos alas grandes o cuatro pequeñas—. Él no podía estar seguro. Dijo que en sus alas parecía haber líneas pequeñas, pero realmente no estaba claro—. Tiene una espada en su mano derecha y una Biblia o libro rojo pequeño en la mano izquierda. Las ropas son iguales. Son blancas muy brillantes, papá, blancas de verdad.

Me preguntó si podía ir con ellos.

—¿Ir con ellos? —Yo apenas podía contener las lágrimas, ¿había Dios mandado a sus ángeles para buscar a mi hijo? Le pregunté por qué quería ir con ellos y él dijo:

—Porque son tan bonitos, y yo quiero cuidarte a ti, a mamá y a Donnie para que nunca nadie les haga nada.

Le expliqué que él no podía ser un ángel porque Dios tenía algo mejor preparado para sus hijos.

—Están sonriendo otra vez, papá —me dijo él—.

Entonces me preguntó si podía hablar con ellos. Yo realmente no sabía qué decir porque nunca antes había visto un ángel, pero le dije que podía probar. Él se viró hacia el que estaba al lado de su cama y preguntó dulcemente:

205

Mantenga los cerdos fuera de casa

—¿Cómo te llamas?

Dijo que él ángel contestó o Judas o Jude. Robby parecía alarmado y preguntó si Judas no era un hombre malo. Le expliqué que muchas otras personas se llamaban Judas o Jude aparte del que traicionó a Jesús. Yo sabía que mi hijo nunca hubiera inventado ese nombre. Esto era muy real. Entonces le preguntó el nombre al que estaba en la puerta y me dijo, aunque apenas podía escuchar, que estaba seguro que era Daniel. Esta experiencia duró unas tres horas. Me preguntó si podía tocarlos y otra vez le dije:

—Rob, yo realmente no sé. Si quieres intentarlo, yo voy contigo.

—Yo creo que vendrán a mí si se lo pido —dijo él con la fe de un niño de siete años—. Daniel, ¿vendrías a mi cama para poder tocarte?

Él estaba alborozado e inmediatamente dijo:

—Papá, mira qué suaves son sus alas, tócalas. —Tomó mi mano y la dirigió, pero no sentí nada, nada que no fuera la presencia de Dios de una manera que nunca antes había experimentado. Él dijo enseguida:

—No necesito verlo más esta noche, pero por favor quédense y déjenme verlo cuando me despierte.

En unos minutos él se había dormido, pero yo no. Yo no podía dormir. Había sido bañado en el amor y la gracia de Dios. Había experimentado algo que me hizo consciente de la presencia de Dios como nunca antes. Escuché a Dios hablar a mi corazón. Era como si me estuviera diciendo: "Ve y cuéntale al mundo sobre mis santos ángeles". No puedo recordar escuchar un sermón ni predicar un sermón sobre lo seres sobrenaturales de Dios. Estaba seguro de que si hubiera visto ángeles, no podría hablar ni escribir de ellos. No era necesario para mi fe verlos, pero cuánto aumentó esta cuando presencié la obra de ellos en la vida de mi hijo. Yo pudiera hablar de su actividad y ministerio hoy con gran confianza a pesar de que nunca he visto un ángel.

A la mañana siguiente cuando me levantaba para ir al trabajo, fui a la cama de mi hijo, que dormía, para darle un beso. Me di cuenta de que estaba parado en el lugar donde uno de sus ángeles estuvo o estaba parado. Él abrió sus ojos y dijo:

—Te quiero, papá. —Miró alrededor de la habitación y dijo—: Papá, todavía están aquí.

Dios envía ángeles

Sonrió y cerró los ojos en la experiencia más dulce que yo haya conocido desde que comenzó mi andar con Jesús.

En las semanas y meses siguientes leí más sobre los ángeles que nunca antes. Entrevisté a varias personas y comprobé cada detalle que mi hijo contó con la Palabra de Dios. No había conflicto sino más bien una gran evidencia. Él me ha contado, solo a mí, (no hablaría con más nadie sobre los ángeles) de algunas ocasiones en las que ellos se le han vuelto a aparecer después de aquella noche. Una vez estaba haciendo un examen en la escuela, y dice que estaba confundido y a punto de llorar.

"Yo me sabía la respuesta, pero mi mente no podía pensar." Justo antes de que salieran las lágrimas dice que Daniel apareció y dijo simplemente: "Piensa ahora, Robby". Entonces el ángel desapareció.

"Papá, el ángel no me dijo ninguna de las respuestas, pero mi mente volvió a ser ágil otra vez".

Me contó que en una ocasión corrió afuera al receso, había dos grupos de niños jugando. Cuando comenzó a dirigirse hacia uno, Daniel apareció frente a él y le dijo: "No vayas para allá, Robby. Saldrás herido". Dijo haberlos visto varias veces cuando su madre lo llevaba a la escuela.

"Daniel siempre está parado afuera de la puerta de mamá, y Judas al lado de la mía. No vuelan, solo van junto al auto".

Los veía a menudo en el campo de recreo de la escuela parados juntos a un árbol vigilándolo. Durante meses me contó de las experiencias. Un día me preguntó si estaba bien decirle a Dios que no necesitaba verlos más. Estaba satisfecho. Se estaba volviendo un poco abrumador para él.

Sé que habrá algunos que leerán esto y no lo creerán. Mi objetivo al contarlo no es que usted lo crea sino que crea en Dios, que le crea a Él, a su Palabra, que crea que sus ángeles son espíritus ministradores enviados para ministrar a aquellos que son herederos de la salvación.

La Escritura dice en Mateo 18:10: "Mirad que no menospreciéis a uno de estos pequeños; porque os digo que sus ángeles en los cielos ven siempre el rostro de mi Padre que está en los cielos".

Escribí un libro sobre esto que se llama *Protected by Angels* [Protegido por ángeles]. Esto fue hace muchos años y fue el comienzo de una travesía increíble. Exploré las Escrituras. Durante años he sido abierto a la verdad bíblica acerca del mundo sobrenatural de Dios, no con un sentido de curiosidad sino en una búsqueda de la verdad. Nunca he sido de los que van tras las señales y milagros, en realidad, soy lo contrario. Yo creo que Dios ha revelado a través de la Escritura y de la experiencia que los ángeles y los demonios están muy activos en nuestras vidas. Tenemos el privilegio de estar en Cristo. Es asombroso que los ángeles ministren para nosotros. Que se nos haya dado la autoridad para expulsar demonios en el nombre de Jesús... ¡Increíble! Solo es muy importante que conozcamos nuestra posición en todo esto.

CAPÍTULO 26

NO SE ACABÓ CUANDO SE ACABA

A YOGI BERRA, ANTIGUO jugador de la liga profesional de béisbol, se le recuerda más por una cita. Al menos es la que yo recuerdo mejor. Él dijo una vez: "No se acabó hasta que se acaba". Bueno, está claro que él hablaba de béisbol; un *strike* más, un *out* más, un bateador más. Bueno, quizá ganemos. Uno no puede estar seguro nunca hasta que el juego se acabe, independientemente del puntaje. No se acabó hasta que se acaba.

Cuando Dick Motta era el entrenador del equipo Washington Bullets, y su equipo estaba perdiendo en las finales de la NBA, él dijo: "La ópera no se acaba hasta que la señora gruesa no canta". Cuando las cosas no parecían buenas para los Bullets, y los comentaristas anunciaban un destino funesto, Motta les decía que esperaran por la señora gruesa.* Todo el mundo sabía lo que él quería decir. Uno tiene que ganar cuatro juegos para ser campeón de la NBA, y aunque su equipo estaba abajo, todavía quedaba el cuarto juego por ganar. No se acaba hasta que la señora gruesa no canta.

Yo digo que a veces nos rendimos demasiado pronto, renunciamos muy fácilmente. Si usted conoce a Jesucristo, no se rinda. Ni siquiera lo piense, no le dé lugar al diablo. Hágalo parte de su andar diario y déjele claro a Satanás y a los que están a su alrededor: "¡No voy a renunciar!". Renunciar no es una opción. La mentira de Satanás es decirle que usted ya está derrotado, que no tiene sentido seguir resistiendo. Él le recordará cada fracaso que usted haya experimentado. Él

---

* NBA.com, "'Fat Lady' Sings Victorious Tune for Bullets: Game 7, 1978 NBA Finals," The 60 Greatest Playoff Moments: Honorable Mention, http://www. nba.com /encyclopedia/moments/60moments_hm_1-10.html (accedido el 18 de mayo de 2010).

Mantenga los cerdos fuera de casa

es un mentiroso. Entiéndalo. Él es un engañador. Él solo viene a usted con el poder del engaño. Él no tiene el control. Nunca lo ha tenido ni lo tendrá. Dios tiene el control. Satanás es un ser creado. Él no es omnipresente, solo Dios lo es. Él no es todopoderoso, solo Dios lo es. Satanás solo puede estar en un lugar a la vez; es probable que ni siquiera sepa su nombre. Son sus demonios, en la jerarquía del reino de las tinieblas, quienes le perturban. Usted no tiene por qué ser esclavo si Jesús le ha hecho libre. Él le ha dado autoridad sobre los demonios, en el nombre de Jesucristo. No crea la mentira. Levántese y declare que Dios tiene el control y que él es su Señor (si realmente lo es). El reino de las tinieblas puede estar aumentando el calor, pero Dios tiene su mano en el termostato. Él será quien decida cuándo decir basta. No renuncie, ni siquiera lo piense.

Dios es fiel. Medite en esas tres palabras un instante, páselas por su mente y su corazón. Dios es fiel. ¿Usted es su hijo? Bueno, Dios es fiel. Primera a los Corintios 10:13 dice: "No os ha sobrevenido ninguna tentación que no sea humana; pero fiel es Dios, que no os dejará ser tentados más de lo que podéis resistir, sino que dará también juntamente con la tentación la salida, para que podáis soportar". Dios es fiel.

Dios en medio de su problema

Si usted está en medio de un problema, traiga a Dios al problema con usted mediante el arrepentimiento y la alabanza genuina. Es decir, arregle las cuentas con Dios y alábelo en el problema. Israel pasó cuarenta años en el problema porque se negaron a arreglar las cuentas con Dios. Jesús pasó cuarenta días en el problema porque tenía a Dios en el problema con Él. Él ayunó y oró. Peleó con Satanás con la Palabra. Arréglese con Dios y Dios se meterá en el problema con usted.

Si usted es esclavo, el mero hecho de que hay un problema significa que hay una salida. Lea otra vez el pasaje: "Dios es fiel... sino que dará también juntamente con la tentación la salida". Con la prueba viene una salida. No importa por qué usted está en el problema. Si Satanás ha aumentado el calor en su vida, es con permiso de Dios. Él tiene que tener permiso para tocar las propiedades de Dios. Es posible, como

No se acabó cuando se acaba

en el caso de Pablo, que Dios haya enviado un mensajero de Satanás para abofetearlo. Tal vez él está podando, rompiendo, moldeando, rehaciéndole a la imagen de su querido Hijo. Independientemente del motivo, lo que Satanás trata de hacer para mal, Dios lo hace obrar para bien en la vida de sus hijos. Alábelo en el problema.

La idea no es salirse del problema, sino llevar a Dios al problema con usted y que Él reciba la gloria. Aquí hay un aspecto clave si usted está en una prueba. Alábelo *en* el problema, no cuando salga del mismo. Observe otra vez la última parte del versículo que citamos antes: "...para que podáis soportar". Recuerdo que la capellana de una cárcel para mujeres me contó sobre un problema que estaba atravesando, pero dijo: "¡Yo puedo salir de cualquier cosa con alabanza!". La meta no es salir, pero hacer que Él entre para que lo pase con usted. Él le dará la gracia para soportarlo. Él sabe lo que usted es capaz de soportar. Tal vez parezca que ya se acabó. Las circunstancias pudieran decirle que todo terminó. Satanás le dirá de muchas maneras diferentes que se terminó. *¡No se ha acabado!*

Cuando Pablo y Silas estaban presos en Filipo, no habían hecho nada malo. Se involucraron en la guerra espiritual y Satanás se molestó. Expusieron el reino de las tinieblas y expulsaron el demonio de una joven. Todo el infierno se desató...literalmente. Los demonios incitaron tanto a la gente que los dos predicadores fueron golpeados abiertamente y los echaron en la prisión. En la oscuridad y el hedor de la prisión, con los pies en el cepo y las manos encadenadas, con las espaldas sangrantes y algo humillados, ellos no cuestionaron a Dios. No le preguntaron a Dios: "¿Dónde estás? ¿Por qué has permitido esto?". Ellos sabían que la cárcel entera estaría escuchando la conversación de aquellos dos que decían conocer a Dios a través de su Hijo Jesucristo. Usted siempre debe estar consciente de que otros están observándole demostrar su fe cuando está en medio de la oscuridad. La alabanza atrae a Dios.

En lugar de quejarse y cuestionar, aunque todavía sufrían dolor, ¡ellos *lo alabaron*! La alabanza atrae a Dios. Él vendrá a usted cuando usted le alabe. Y no solo vendrá sino que los demonios de Satanás huirán cuando usted alabe a Dios. Cerca de la medianoche yo puedo escuchar a los santos exhaustos y sangrantes que claman: "Hay

211

poder, poder, sin igual poder, ¡en la sangre que Él vertió!*". Los demonios comenzaron a temblar, con la cola entre las patas corrieron como cobardes. La tierra empezó a temblar también. Las puertas de la prisión se derrumbaron, los grilletes de cada prisionero cayeron al suelo y al momento quedaron libres del yugo que los ataba. Pero no se marcharon. Había una salida, ¿acaso no había Dios abierto la puerta como una vía de escape? No, ¡*él estaba entrando*! Entró para que ellos pudieran escucharlo y así Él recibiría la máxima gloria. Él entró para que todo hombre pudiera conocer el poder y el amor de Jesucristo. Quédese en el problema hasta que el carcelero se ponga de rodillas.

Satanás es el carcelero si usted está en cautiverio. Él es quien lo tiene cautivo. Si usted le permite a Dios estar en el problema con usted, podrá soportarlo, ¡y lo vencerá! Puede quedarse hasta que el carcelero diga: "¡Me rindo!". Quédese hasta que sea libre y la fortaleza demoníaca en su vida sea rota por el poder de Dios. Ni siquiera piense en rendirse o en ceder. Quédese hasta que el carcelero caiga de rodillas. No busque una salida fácil. ¿Por qué salir si Dios está adentro? No se conforme con algo de segunda clase. Quédese hasta que Dios sea completamente glorificado. Anuncie para sí mismo, a sus compañeros de trabajo, a sus enemigos, a Dios y a todo el infierno: "*¡No se ha acabado!*". Dios es más grande que el final. Independientemente de las circunstancias, si usted es un hijo de Dios, póngase de acuerdo con Dios. Si Dios está con usted en el problema, ¡usted saldrá victorioso! No se concentre en las circunstancias.

Mire, Satanás no puede crear nada, él tiene que usar lo que ya existe. Solo Dios puede crear, es por eso que él puede *hacer* una vía de escape incluso cuando parece imposible. Satanás usará las circunstancias para mentirle. Su único poder sobre un creyente es el engaño. Él mentirá porque es un mentiroso. Él le robará la paz porque es un ladrón. Le robará el gozo porque es un ladrón. Le matará la esperanza porque es un asesino. Usted no debe enfocarse en las circunstancias, estas lo devorarán. ¡Enfóquese en el Dios que puede devorar las circunstancias! ¡Crea en Dios a pesar de todo! Es en la Palabra de Dios donde usted debe encontrar fortaleza.

---

* "Hay poder", de Lewis E. Lewis. Dominio público.

La fe sí viene por el oír, y el oír por la Palabra de Dios (Romanos 10:17). La Palabra es verdad porque Jesús *es* la Palabra: "Y aquel Verbo fue hecho carne, y habitó entre nosotros" (Juan 1:14). Él es verdad. Su Palabra es verdad porque *Él es* la Palabra. La Palabra, entonces, es personal. Sus promesas son verdaderas porque Él *es* la promesa. Es en la Palabra de Dios donde usted debe encontrar fortaleza. "Los ojos de Jehová están sobre los justos, Y atentos sus oídos al clamor de ellos." (Salmo 34:15).

Dios les prometió a Abraham y a Sara un hijo. Dios prometió. Abraham analizó las circunstancias y pensó que estas eran un obstáculo demasiado grande para Dios. Él tenía cien años, su esposa tenía noventa. Estaba controlado por una mentira del diablo que le decía que esto era demasiado grande para Dios. Casi puedo escucharlo razonando con Dios: "Señor, tienes que entender que ya yo estoy viejo, mi esposa está vieja. *Se acabó para nosotros*". ¡No se ha acabado! Se acaba cuando Dios está en el problema. Usted no tiene que ayudarlo, solo tiene que confiar en Él. Abraham creó un tremendo lío por tratar de ayudar a Dios a cumplir con su promesa. Tuvo dos hijos: uno con su sirvienta (un error) y otro con su esposa como Dios había prometido (un milagro).

¿Cree usted que José pudo haber tenido algunas preguntas cuando su propia familia le dio la espalda y lo lanzó en un pozo oscuro con intenciones de dejarlo allí y luego mentirle a su padre? ¿Cree usted que pudo haber sentido un dolor profundo cuando ellos decidieron abandonarlo y venderlo? El dolor debe haber sido intenso. ¿Cree usted que pudo haber tenido ciertas dudas en cuanto a la mano de Dios sobre su vida cuando lo encarcelaron? Pasó de un pozo oscuro de desesperación a una prisión. Satanás le mandó su mejor tentación, pero Dios *estaba en el problema* con él, y José lo pudo soportar. Mientras que José estaba en el pozo y en la prisión, Dios tenía un palacio en mente. Había una bendición esperándole. Él estuvo en el problema con él ¡y Él es más grande que el problema! No se ha acabado *cuando se acaba*. Dios estaba en el horno abrasador; estaba en el foso de los leones y vendrá a su problema si usted endereza su vida y le alaba. Es una fórmula muy sencilla: arrepentimiento y verdadera alabanza. Él vendrá a su problema también.

Mantenga los cerdos fuera de casa

En Marcos capítulo 5 hay tres personas que no podían encontrar ayuda en este mundo. Al parecer todo había terminado para ellos. Un hombre estaba tan poseído por demonios que vivía en un cementerio y se hería con piedras, molestaba a la gente, estaba fuera de control, sin esperanza de conseguir ayuda. Lo habían expulsado de la ciudad, nadie podía dominarlo ni ayudarlo. Estaba sentenciado a morir en su esclavitud. Para él todo había acabado. Pero no se ha acabado cuando se acaba. Jesús vino y sencillamente *le habló* de su libertad. Él *es* la Palabra, recuerde. En un instante dos mil demonios salieron de él, y un hombre que no podía funcionar ni vivir en sociedad, inmediatamente se convirtió en misionero. Jesucristo es más grande que el problema.

Una mujer tuvo un problema de flujo de sangre durante doce años. Había gastado todo su dinero en los médicos y no mejoraba, solo se ponía peor. No tenía esperanza y estaba bajo la sentencia de un yugo doloroso que la sujetaría hasta la tumba. Ella solo lo tocó. *¡Él es salud!* Él es *vida*; ¡Él es la *Palabra*! En un instante ella quedó libre del dolor de su problema. Jesús se involucró en el problema, y Él es más grande que cualquier problema, *¡cualquier problema!* No importa cómo usted se metió en el problema o cuál es el problema, usted necesita a Dios en el problema con usted. Jesús no vino para sacarnos de los problemas; Él se meterá en el problema con usted. No es difícil encontrarlo si lo está buscando.

Un médico le dijo a un hombre que su hijita de doce años iba a morir. No había más ayuda médica para ella, ¡iba a morir! En su dolor, él buscó a Jesús. No solo lo encontró (no es difícil encontrarlo si usted lo está buscando), sino que Jesús estuvo de acuerdo en acompañarlo a su casa y tocar a la niña moribunda. Por el camino les llegó la noticia de que era demasiado tarde, la niña ya estaba muerta. "No lo molesten más", dijo la gente. Ah, pero Jesús dijo (en mis palabras): "No te preocupes, no se ha acabado. Yo sé que así parece. Sé que las circunstancias dicen que sí, sé que en este mundo la muerte es el fin. Pero de todos modos iré contigo a tu casa. Voy a tocarla y ella vivirá. No se ha acabado". El hombre invitó a Jesús para que estuviera con él en el problema. Jesús es mayor que la propia muerte. Él es *vida*; ¿cómo no va a ser más grande que la muerte? Permítale estar en el problema con usted y sepa que si conoce a Jesús no se ha acabado cuando se acaba.

APÉNDICE A

LO QUE HACEN LOS ÁNGELES

Los ángeles estuvieron activos en la resurrección.

Y hubo un gran terremoto; porque un ángel del Señor, descendiendo del cielo y llegando, removió la piedra, y se sentó sobre ella. Su aspecto era como un relámpago, y su vestido blanco como la nieve.

—Mateo 28:2-3

Un ángel mató a 185,000 enemigos del pueblo de Dios.

Y aconteció que aquella misma noche salió el ángel de Jehová, y mató en el campamento de los asirios a ciento ochenta y cinco mil; y cuando se levantaron por la mañana, he aquí que todo era cuerpos de muertos.

—2 Reyes 19:35

Los santos ángeles cerraron las bocas de los leones.

Mi Dios envió su ángel, el cual cerró la boca de los leones, para que no me hiciesen daño.

—Daniel 6:22

Los ángeles estuvieron activos durante el nacimiento de Jesús. Los ángeles traen paz.

Y he aquí, se les presentó un ángel del Señor, y la gloria del Señor los rodeó de resplandor; y tuvieron gran temor. Pero el ángel les dijo: No temáis.

—Lucas 2:9-10

Mantenga los cerdos fuera de casa

Dios manda ángeles para ministrar a los creyentes.

¿No son todos espíritus ministradores, enviados para servicio a favor de los que serán herederos de la salvación?
—Hebreos 1:14

Los ángeles escoltan a los creyentes a la presencia de Dios.

Aconteció que murió el mendigo, y fue llevado por los ángeles al seno de Abraham; y murió también el rico, y fue sepultado.
—Lucas 16:22

Los ángeles ministran fortalece en tiempos de pesadumbre.

Y se le apareció un ángel del cielo para fortalecerle.
—Lucas 22:43

Los ángeles obedecen su Palabra y le alaban.

Bendecid a Jehová, vosotros sus ángeles, poderosos en fortaleza, que ejecutáis su palabra, 0bedeciendo a la voz de su precepto.
—Salmo 103:20

Los ángeles siempre están vigilantes y guardan la Palabra de Dios.

Pues a sus ángeles mandará acerca de ti, que te guarden en todos tus caminos. En las manos te llevarán, para que tu pie no tropiece en piedra.
—Salmo 91:11–12

Los ángeles rodean a aquellos que confían en el Señor.

El ángel de Jehová acampa alrededor de los que le temen, y los defiende.
—Salmo 34:7

Los ángeles estarán activos en la Segunda Venida.

Lo Que hacen los ángeles

Enviará el Hijo del Hombre a sus ángeles, y recogerán de su reino a todos los que sirven de tropiezo, y a los que hacen iniquidad, y los echarán en el horno de fuego; allí será el lloro y el crujir de dientes.

—MATEO 13:41-42

Los ángeles son *agentes especiales* enviados por Dios.

Entonces levantándose el sumo sacerdote y todos los que estaban con él, esto es, la secta de los saduceos, se llenaron de celos; y echaron mano a los apóstoles y los pusieron en la cárcel pública. Mas un ángel del Señor, abriendo de noche las puertas de la cárcel...

—HECHOS 5:17-19

Los ángeles aparecen de diversas formas y maneras.

Entonces el ángel de Jehová le dio voces desde el cielo, y dijo: Abraham, Abraham. Y él respondió: Heme aquí.

—GÉNESIS 22:11

Después que partieron ellos, he aquí un ángel del Señor apareció en sueños a José y dijo: Levántate y toma al niño y a su madre, y huye a Egipto, y permanece allá hasta que yo te diga; porque acontecerá que Herodes buscará al niño para matarlo.

—MATEO 2:13

A este Moisés, a quien habían rechazado, diciendo: ¿Quién te ha puesto por gobernante y juez?, a éste lo envió Dios como gobernante y libertador por mano del ángel que se le apareció en la zarza.

—HECHOS 7:35

Este vio claramente en una visión, como a la hora novena del día, que un ángel de Dios entraba donde él estaba, y le decía: Cornelio.

—HECHOS 10:3

Mantenga los cerdos fuera de casa

No os olvidéis de la hospitalidad, porque por ella algunos, sin saberlo, hospedaron ángeles.
—Hebreos 13:2

Los ángeles pueden cuidar, proteger y guiar.

He aquí yo envío mi Ángel delante de ti para que te guarde en el camino, y te introduzca en el lugar que yo he preparado. Guárdate delante de él, y oye su voz; no le seas rebelde; porque él no perdonará vuestra rebelión, porque mi nombre está en él.
—Éxodo 23:20-21

Los ángeles pueden ser los oficiales de Dios.

Al momento un ángel del Señor le hirió, por cuanto no dio la gloria a Dios; y expiró comido de gusanos.
—Hechos 12:23

Los ángeles no conocen el momento del fin.

Pero del día y la hora nadie sabe, ni aun los ángeles de los cielos, sino sólo mi Padre.
—Mateo 24:36

Los ángeles le responden a Dios.

¿Acaso piensas que no puedo ahora orar a mi Padre, y que él no me daría más de doce legiones de ángeles?
—Mateo 26:53

APÉNDICE B

DEMONIOS O NO

Demonios o no, a continuación algunas cosas buenas para considerar.

> Oirá el sabio, y aumentará el saber, el entendido adquirirá consejo.
>
> —Proverbios 1:5

No permita los recuerdos dolorosos.
El mañana se ocupará de sí mismo.
Esté siempre de acuerdo con la Palabra de Dios.
Descanse adecuadamente.
Evite acostarse disgustado. Si lo hace, levántese con un espíritu contrito.
Adore habitualmente.
Viva con una consciencia constante de la presencia de Dios.
Tenga una rutina con significado.
No exagere. Delegue sabiamente y aprenda a decir no.
Confíe en otros. Deje que le ayuden.
El ayer ya pasó. No viva en el pasado.
Los remordimientos son malos consejeros.
Escoja sus palabras cuidadosamente.
Coja las cosas con calma, un día a la vez.
No tenga deudas de tarjetas de crédito, ninguna.
Ordene su vida. La vida es sencilla.
Equilibre su vida con propósito.
Es bueno jugar golf.
Camine.
Tenga un presupuesto y viva dentro del mismo.
Tenga un plan.
Aprenda a reír.

Mantenga los cerdos fuera de casa

Escoja amigos piadosos.
Coma bien; sea listo. Sea disciplinado.
No llegue tarde.
Recoja lo que riegue.
Anote pensamientos e inspiraciones.
Acuéstese temprano.
El fin de la depresión comienza con hacer cosas para otros.
Escoja su música sabiamente.
Uno aprende escuchando.
Asegúrese de que su presencia haga que otros se sientan mejor.
Siempre tenga algo que esperar.
Haga que otra persona se ría. Ríase un poco más.
Entregue su amor a alguien.
Ejercite el perdón.
El orgullo precede al fracaso.
El interior de su auto va a decir mucho de usted.
Escuche más, hable menos.
Haga cosas que valgan la pena.
Viva agradecido.
Anime a alguien.
Practique recibir el amor y la gracia de Dios.
No critique; la gente hace lo mejor que puede.
Haga que sus palabras den vigor a los ángeles ministradores.
No venda "pociones milagrosas". No compre "pociones milagrosas".
Si la limpieza viene después de la santidad, ocupa un lugar primario en la lista.
Su opinión probablemente no les importe mucho a otros.
¿Por qué no ser lo mejor que pueda?
Tenga expectativas realistas.
La fe viene por oír la Palabra de Dios.
Tome tiempo para tomar decisiones que involucran a otros.
Sea puntual siempre.
Usualmente no es necesario dar consejos.
La televisión no es tan importante.
Aprenda a relajarse.
No se condene a sí mismo.
No busque venganza.

La amargura no debe tener lugar en su corazón.
Practique el gozo.
Siéntase orgulloso de lo que hace, no de lo que ha hecho.
Sea limpio. El reguero habla de usted.
Ejerza la fe. Dios es un Dios de fe.
Mantenga su casa lista para un visitante importante.
La esperanza está en usted, invóquela cuando sea necesario.
No crea una mentira.
Halague a alguien.
No permita que la ira dure mucho tiempo.
Descanse en la verdad.
Invierta sabiamente.
Cene fuera en ocasiones, disfrútelo y dé gracias porque puede hacerlo.
Sus seres queridos necesitan que usted tenga buena salud.
Mantenga su mente activa.
Si algo tiene que hacerse, hágalo.
Usted tiene más que la mayoría de las personas.
No se queje.
No posponga.
Si usted es perdonado, actúe como tal; la culpa es una carga innecesaria.
Revise sus conversaciones, no hable del ayer.
Y qué si... y *si tan solo* nunca deben ser temas de discusión.
La preocupación requiere acción. Preocuparse produce dolores de cabeza.
Está bien tomar medicinas si lo necesita, no sea "excéntrico" al respecto.
No confunda riqueza con prosperidad.
La fe pudiera ser el ingrediente más importante de la vida.
Juegue con otros, tenga comunión con otros.
Nadie le obliga a comer.
No busque a quién culpar.
Cuando entre en una habitación, haga que esta resplandezca.
Salga de las deudas.
Practique la disciplina.
Simplifique la vida. Disfrútela.
No se ponga en la situación de tener que dar excusas, usted falta el respeto a otros cuando llega tarde. Saque la paja de su propio ojo.
No complique las cosas sencillas, deje que el gobierno lo haga.
Dígale a Dios que lo ama.

Mantenga los cerdos fuera de casa

Regale algo a alguien.
Sea tan astuto como una serpiente y tan manso como una paloma.
Todo el mundo se merece una palabra amable.
Disfrute el hoy.
Sea alguien que bendice.
La alabanza con acción de gracias invita la presencia de Dios.
El ejercicio corporal se valora en exceso.
No le enseñe fotos a la gente a menos que las pidan, por lo general no les interesa.
La bendición está en servir y no en ser servido.
Estar alineado de manera piadosa es bueno.
Haga lo que se espera de usted.
Ame a las personas y se convertirá en importante para ellas.
Si no le importa su cuerpo, ¿a quién le importará?
La armonía es algo bueno.
Desdeñe la distracción.
Tenga algo que hacer que merezca la pena.
Dé con su corazón.
Probablemente no necesita comprar nada.
Tres necesidades:
    Alguien a quien amar
    Algo que esperar en el futuro
    Algo que hacer que valga la pena

CASA CREACIÓN

Editorial Nivel Uno

PRESENTAN:

Para vivir la Palabra

www.casacreacion.com

CASA CREACIÓN

Te invitamos a que visites nuestra página web, donde podrás apreciar la pasión por la publicación de libros y Biblias:

www.casacreacion.com

f @CASACREACION
t @CASACREACION
ig @CASACREACION

Para vivir la Palabra